Carsten Ovens

Im Morgengrauen

Wie der 7. Oktober Israel veränderte

Carsten Ovens

IM MORGEN GRAUEN

Wie der 7. Oktober Israel veränderte

Gespräche mit Zeitzeugen

HENTRICH & HENTRICH

Inhalt

Einige Worte vorweg

Wissen Sie noch, was Sie am 7. Oktober 2023 getan haben? Wie Sie in den Tag gestartet sind und was Sie erlebt haben?

Mein Tag begann wie so oft mit einer Laufrunde. Zufälligerweise war ein Freund aus Kiel ebenfalls in der Stadt und so hatten wir uns am Vortag spontan verabredet. Wir starteten im Morgengrauen in einer Parkanlage. Die Sonne ging langsam auf und wärmte bereits angenehm. Auf den Straßen der sonst auch samstags so quirligen Stadt herrschte noch entspannte Ruhe. Dennoch waren bereits einige Freizeitsportler mit uns unterwegs.

Nach wenigen Minuten erreichten wir die große Promenade, die in den vergangenen Jahren aufwendig saniert worden ist. Wir liefen vorbei an einer immer beeindruckender werdenden Skyline von Wohnhäusern und Hotels. Zu unserer linken Seite zog sich der endlose Strand entlang. Erste Surfer waren mit ihren Brettern auf dem Weg ins Wasser, auf der Suche nach der perfekten Welle. Wir unterhielten uns ein wenig über Land und Leute. Wie schön es doch sei, an diesem paradiesischen Ort eine gemeinsam Runde laufen zu können. Schließlich erreichten wir den alten Hafen. Hier ist über die Jahre ein bunter Mix an Cafés, Restaurants und Geschäften entstanden.

Es muss irgendwann nach 6.30 Uhr gewesen sein. Plötzlich vibrierten unsere Smartphones gleichzeitig. Eine App machte auf sich aufmerksam. Wenige Sekunden später ertönte eine nicht zu überhörende Sirene. Wir waren irritiert und gleichzeitig verunsichert. Obwohl ich in den letzten zehn Jahren so oft hier gewesen war, hatte ich eine solche Situation noch nie erlebt. Raketenalarm – mitten im Herzen von Tel Aviv.

Das israelische Alarmsystem ist sehr präzise aufgebaut. Im Menü der Tzofar-App ist Tel Aviv beispielsweise in vier Regionen aufgeteilt. Sirenen und App alarmieren nur in dem Bereich, wo tatsächlich ein Treffer befürchtet wird. Es war also ernst. Im Falle eines Alarms lautet die offizielle Anweisung, sich binnen neunzig Sekunden in Sicherheit zu bringen. Ein Schutzraum, in Israel als Shelter bekannt, war nicht unmittelbar in Sicht und uns fehlte die Zeit, danach zu suchen. Schnell orientierten wir uns daher an den anderen Läufern, die sich teils überrascht, teils ängstlich dreinblickend vor den Schaufenstern der nächstgelegenen Geschäfte auf den Boden kauerten.

Mir fehlt jedes Zeitgefühl – ich weiß nicht, wie lange der Alarm andauerte. Als er verstummt war, standen wir mit den anderen Frühsportlern auf. Die Menschen um uns herum wirkten wieder routiniert, als wäre es für sie doch nichts Außergewöhnliches. Ohne Zögern setzten sie ihr Training fort. Also taten wir es ihnen gleich. Nach wenigen Metern gab es einen ohrenbetäubenden Knall. Erneut duckten sich viele der Menschen um uns herum und suchten Schutz an der nächstgelegenen Wand. Kurz darauf liefen alle wieder normal weiter – fast so, als sei nichts passiert. Das israelische Luftverteidigungssystem Iron Dome hatte offenbar nicht weit von uns entfernt eine Rakete abgefangen.

Wir entschieden uns für den Rückweg. Ausreichend Kilometer hatten wir ohnehin schon gemacht. Zudem waren wir beide nicht allein in der Stadt und wollten daher schnellstmöglich zurück zu unserer jeweiligen Unterkunft. Ein beklemmendes Gefühl hatte uns beschlichen. Ich war mit meinem Vater auf Urlaubsreise in Israel – ein Wunsch zu seinem 80. Geburtstag, den wir wenige Wochen zuvor in Deutschland gefeiert hatten. Im Laufe des Tages und der darauffolgenden Nacht schrillten noch drei weitere Male die Alarmsirenen – am Vormittag, beim Abendessen und als wir längst in unseren Betten lagen. Raketen über Tel Aviv!

Beruflich bin ich seit über einem Jahrzehnt regelmäßig in Israel – zunächst als Mitglied der Hamburgischen Bürgerschaft und seit 2019 für das European Leadership Network (ELNET). Während ich mir bei allen bisherigen Aufenthalten nie ernsthaft Gedanken um meine eigene Sicherheit gemacht, nie einen Raketenalarm oder einen Terroranschlag in unmittelbarer Nähe erlebt hatte, machte ich mir nunmehr große Sorgen – mehr noch, ich empfand zum ersten Mal im Land echte Angst. So erlebten wir, was für einen Großteil der israelischen Gesellschaft viel zu oft zum Alltag gehört.

Zu diesem Zeitpunkt war noch nicht vollständig absehbar, welcher Horror im Morgengrauen über das Land hereingebrochen war. Stunde für Stunde wurde das Ausmaß deutlicher. Die Terrororganisation Hamas hatte begonnen, unter dem Schutz massiver Raketensalven aus dem Gazastreifen ins Land einzudringen.

Mit meinem Vater konnte ich zwei Tage später frühmorgens nach Berlin ausfliegen. Viele Touristen und andere Menschen, die ausreisen wollten, saßen teilweise noch tagelang in Israel fest, da nahezu alle internationalen Fluggesellschaften den Verkehr eingestellt hatten. Doch während die Gäste nach und nach das Land verließen, verblieb die einheimische Bevölkerung: Rund neun Millionen Menschen, darunter gut 20 Prozent arabische Israelis, so werden die nicht-jüdischen, zumeist muslimischen Bürgerinnen und Bürger des Staates auch genannt.

In diesem Buch soll es um sie gehen – die israelische Bevölkerung. Die nachfolgenden Kapitel sind allesamt auf Grundlage von Interviews mit Zeitzeugen des 7. Oktobers entstanden. Sie stellen verschiedene Perspektiven dar, präsentieren Fakten und sollen dabei helfen, besser zu verstehen, was der Terrorangriff aus Sicht der israelischen Gesellschaft genau bedeutet – und wie tief das entstandene gesellschaftliche Trauma sitzt.

Die zwanzig Gespräche für dieses Buch wurden zwischen Frühjahr und Jahresende 2024 geführt. Die individuellen Berichte und persönlichen Meinungen der Zeitzeugen werden ergänzt durch zahlreiche Eindrücke und Erlebnisse, die ich nach dem 7. Oktober im Rahmen von insgesamt sieben Reisen ins Land machen durfte. Auch wenn seit dem Angriff der Hamas mittlerweile rund anderthalb Jahre vergangen sind, verdeutlichen die Interviews, wie tief der Schock und die seelischen Narben bei vielen Menschen bis heute sitzen. Das erste Kapitel beschreibt diesen Zustand entsprechend als „Inescapable Trauma“.

Der „Alltag im Ausnahmezustand“, wie ihn Richard C. Schneider bereits 2018 benennt[1], geht für weite Teile der Bevölkerung weiter – wenngleich auf einem bis dahin nicht gekannten Niveau des Schreckens. In den Straßen des Landes, in Fenstern von Geschäften, Bars und Restaurants finden sich bis heute Plakate, welche an die Geiseln erinnern sollen. Einige von ihnen werden auch noch Anfang 2025 von der Hamas im Gazastreifen festgehalten. Dazu kommen vielerorts Streetart und andere Kunstinstallationen. Gleichzeitig laufen die Debatten, wie es überhaupt so weit kommen konnte, wer die politische Verantwortung zu tragen hat. Es kommt zu Demonstrationen gegen die Regierung. Parallel wird im In- und Ausland bisweilen heftig darüber gestritten, ob und wie der laufende Krieg gegen die Hamas geführt werden darf und gewonnen werden kann. Währenddessen explodiert der Judenhass weltweit, es kommt zu Anschlägen auf Synagogen, zu Attacken auf jüdische Restaurants und Geschäfte, zu teils gewalttätigen Anfeindungen gegenüber Juden an Universitäten und auf offener Straße.

Dieses Buch erinnert an den brutalen Angriff der Hamas auf mehr als 20 Städte und Dörfer im Süden Israel, an die vielen individuellen Schicksale, die mehr als 1200 Toten des 7. Oktobers, die über 250 verschleppten Geiseln sowie ihre Angehörigen. Mindestens 3000 Terroristen sollen es gewesen sein, neue Analysen sprechen sogar von bis zu 6000 Angreifern, die ins Land einfielen. Die israelische Armee benötigte nach eigenen Angaben beinahe zwei Wochen, um die betroffenen Landesteile im Süden wieder vollständig unter ihre Kontrolle zu bringen.

Verschiedene unabhängige Berichte und Studien kommen mittlerweile zu der übereinstimmenden Erkenntnis, dass die Terroristen dabei zahlreiche Kriegsverbrechen und Verbrechen gegen die Menschlichkeit begangen haben. Dazu zählen die geplante Tötung von Zivilisten, sexualisierte und geschlechtsspezifische Gewalt, Geiselnahme, Verstümmelung und Schändung von Leichen sowie der Einsatz menschlicher Schutzschilde.

Die folgenden Kapitel können trotz gründlicher Recherche und der Vielfalt an Gesprächen, Eindrücken und Perspektiven keine umfassende Erklärung der vorausgegangenen und der nachfolgenden Ereignisse und Entwicklungen des 7. Oktober 2023 abbilden. Im Fokus steht die israelische Gesellschaft, für die dieser Tag den größten Massenmord seit dem Holocaust bedeutet.

Für Ihr Interesse und Ihre damit ausgedrückte Solidarität mit den Menschen in Israel möchte ich mich vorab vielmals bedanken.

Berlin, im April 2025
Carsten Ovens

The Inescapable Trauma – Eine Gesellschaft im Schockzustand

Professor Mooli Lahad empfängt uns Anfang März 2024 in seinem Apartment im Herzen von Tel Aviv. Es gibt Tee sowie kleine Snacks. Daniel Shadmy, seinerzeit Pressesprecher im israelischen Büro des European Leadership Network (ELNET), begleitet mich zu diesem Termin.

Die Wohnung beeindruckt durch eine Vielzahl historischer Kunstgegenstände, alter Uhren sowie eigener Kunstwerke. Das Interesse von Professor Lahad an asiatischen Kulturen ist unverkennbar. Im Wintergarten steht ein Regal voller Bücher. Man gewinnt schnell den Eindruck, dass hier häufiger tiefgreifende Debatten geführt werden.

Mooli Lahad ist in Israel geboren und stolz auf sein Land. Zu unserem Gespräch trägt er eine militärisch gestaltete Erkennungsmarke als Kette um den Hals. Seit Monaten werden sie in Israel und überall auf der Welt als Symbol der Solidarität mit den Geiseln der Hamas getragen. „Bringt sie jetzt nach Hause" ist auf Englisch und Hebräisch auf dem grauen Stück Blech eingraviert. Wir sprechen über seine deutschen Wurzeln. Seit fünf Jahrzehnten ist der Psychologe mit zwei Doktortiteln auf posttraumatische Belastungsstörungen (PTBS) spezialisiert. Er gilt als Israels führender Experte für Traumabewältigung und Resilienz. Für seine Behandlungsmethoden genießt er international Anerkennung.

Professor Lahad erinnert sich noch gut, wie er am 7. Oktober auf dem Rückflug aus Tokyo ist. Während einer Zwischenlandung in Bangkok telefoniert er mit seiner Schwester. Sie berichtet ihm von den Ereignissen. Nur langsam realisiert er das Ausmaß des Horrors, der an diesem Tag über Israel hereingebrochen ist. Alle Israelis, mit denen ich in den nächsten Monaten sprechen werde, wissen noch sehr genau, was sie am 7. Oktober 2023 getan haben – unabhängig davon, wo sie sich gerade auf der Welt befanden.

Mehr als 200 000 Israelis werden zu Binnenflüchtlingen, als die israelische Armee noch im Oktober 2023 die Evakuierung des Gebiets entlang des Gazastreifens, auch Gaza Envelope genannt, sowie von Teilen des Nordens Israels anordnet. Nahezu täglich werden Raketen von der Hamas auf den Süden sowie von der Hisbollah aus dem Libanon auf israelische Dörfer und Städte im Norden abgefeuert. Immer wieder ertönen die Warnsirenen, der Alarm der Raketenwarn-App Tzofar. Immer wieder hört man die dumpfen Explosionen und die herabfallenden Splitter von Raketen, die durch das „Iron Dome"-Abwehrsystem zerstört wurden – nicht nur an den Grenzen, auch im Binnenland, in Haifa oder Tel Aviv. Immer wieder sind die Bilder der Ermordeten und Vermissten, die zerstörten und verlassenen Dörfer, in den Medien zu sehen. Jeden Tag. „Es ist kein klares Ende in Sicht", fasst mein Gesprächspartner die Lage zusammen.

Mich interessiert, wie Professor Lahad die gesellschaftliche Situation in Israel aus seiner beruflichen Sicht beurteilt. Er beschreibt den 7. Oktober als ein Pogrom – eine massive gewaltsame Ausschreitung gegen jüdisches Leben. Doch während ein solcher Übergriff irgendwann ein Ende findet, werden zum Zeitpunkt unseres Gesprächs, fünf Monate nach dem Überfall der Hamas, immer noch über 100 israelische Geiseln im Gazastreifen gefangen gehalten. Weiterhin kommt es nahezu täglich zu Raketenangriffen auf Israel, Menschen müssen immer wieder die Schutzräume aufsuchen.

Für den Wissenschaftler Mooli Lahad ist die Situation deshalb ein „Inescapable Trauma". Die Gesellschaft befindet sich im Schockzustand, aus dem es kein Entrinnen gibt. Mit der Staatsgründung Israels nach dem Holocaust ging für Juden weltweit vor allem ein Versprechen einher: „Never again" – nie wieder. Am 7. Oktober wurde dieses Versprechen, diese mentale und körperliche Absicherung für Millionen Menschen, nie wieder wehrlos zu sein, binnen Stunden in seinen Grundfesten erschüttert.

Damit stehen Psychologen und Psychotrauma-Spezialisten in Israel vor bislang nicht gekannten Herausforderungen, berichtet mein Gesprächspartner. Es fehlen Behandlungsprotokolle für solche Fälle. Es gibt auch keine dokumentierten Erfahrungen, wie eine so große Zahl von Menschen behandelt werden kann.

Dies gilt insbesondere für die Überlebenden des Nova Festivals und die Bewohner der Dörfer entlang des Gazastreifens, die unmittelbar von der Hamas angegriffen wurden und nach der folgenden Evakuierung weiterhin nicht nach Hause können, ebenso für die Familienangehörigen der Ermordeten, der entführten Geiseln sowie der Verwundeten des 7. Oktobers. Zudem müssen die Evakuierten aus dem Norden betreut werden. Für die vielen traumatisierten Kinder gibt es nicht ausreichend Experten, um eine jeweils passende, individuelle Behandlung sicherzustellen. Seit Beginn des Krieges gegen die Hamas kommen zudem die Angehörigen der gefallenen Soldatinnen und Soldaten sowie die im Einsatz verwundeten Israelis dazu. Diese individuellen Schicksalsschläge müssen außerdem vor dem Hintergrund des gesamtgesellschaftlich verlorenen Vertrauens in Staat und Regierung, die eigene Bevölkerung schützen zu können, verarbeitet werden.

Monate später bestätigen weitere Experten die Beschreibung des „Inescapable Trauma“ und schätzen, dass 300 000 Menschen in Israel durch die Ereignisse des 7. Oktobers professionelle psychologische Unterstützung benötigen. Vermutlich ist die Dunkelziffer noch viel höher. PTBS, Angststörungen und Depressionen – ein Jahr nach dem grausamen Angriff der Hamas haben sich die individuellen und gesellschaftlichen seelischen Narben tief eingebrannt, ganz so, wie es der Wissenschaftler bei unserem Gespräch befürchtete.[2]

Während seiner Ausführungen denke ich an die vielen gelben Schleifen, die Anfang März an den Bäumen entlang der Straßen von Tel Aviv hängen, an die Fotos der Entführten und Ermordeten, die Blumen, Kerzen und Kuscheltiere rund um den Brunnen am Zina-Dizengoff-Platz, nur wenige hundert Meter von der Wohnung meines Gesprächspartners entfernt. „Es ist einzigartig, was am 7. Oktober passiert ist“, meint Professor Lahad, während wir von Ausmaß und Folgen der Ereignisse sprechen. Mir kommen weitere Bilder von meinen Besuchen im Süden des Landes in den Kopf: ausgebrannte Häuser, zerstörte Fahrzeuge sowie die Schilder mit Fotos der Ermordeten auf dem Festivalgelände. Viele Menschen fühlen zudem eine tiefe Unsicherheit hinsichtlich der eigenen Zukunft. Für den Trauma-Experten ist klar: „Wenn Sie Menschen falsch behandeln, tun Sie nichts Gutes.“

Die israelische Armee versucht ihrerseits, den Herausforderungen bestmöglich zu begegnen, und hat 700 Experten eingestellt, berichtet mein Gesprächspartner. Dennoch müsse für jeden Einzelfall genau definiert werden, ob eine einfache oder eine intensive Betreuung notwendig ist. Dafür müsse zunächst ein Screening-System entwickelt werden. Parallel wird die Forschung zur seelischen Gesundheit mit einem Schwerpunkt auf posttraumatische Belastungsstörungen an mehreren Universitäten verstärkt, in der dynamischen Startup-Szene des Landes entsteht gleichzeitig eine Vielzahl neuer, digitaler Therapielösungen. Diese können bei der Individualisierung von Behandlungen helfen – insbesondere angesichts der Vielzahl der Patienten.[3]

„Wir werden alles tun, um die zerstörten Kibbuzim wieder aufzubauen", gibt sich mein israelischer Gastgeber selbstbewusst. Die Willensstärke ist spürbar, das habe ich bei meinen Besuchen immer wieder erlebt. Die Rückkehr der Evakuierten in die Dörfer und Städte am Gazastreifen sowie in den Norden des Landes wird dennoch neue Herausforderungen mit sich bringen. Denn was die betroffenen Menschen vorfinden werden, sind zerbombte und abgebrannte Häuser, zerstörte Unternehmen und landwirtschaftliche Betriebe – sie werden das Grauen erneut durchleben müssen.

Professor Lahad gibt sich am Ende unseres Gesprächs dennoch optimistisch: „Die allermeisten Menschen werden sich mit der Zeit von selbst erholen." Die menschliche Widerstandsfähigkeit, insbesondere die Resilienz der israelischen Gesellschaft, sei oft besser als jede PTBS-Therapie. Möge er recht behalten.

Gaza Envelope – Das zerstörte Paradies

Anfang April 2024 bin ich erneut in Tel Aviv. Mich beschäftigt weiterhin, was die Ereignisse des 7. Oktobers und ihre Folgen für die persönlich betroffenen Menschen bedeuten. Besonders stark beeinträchtigt ist die Region entlang des Gazastreifens, die auch als Gaza Envelope oder Gazagürtel bezeichnet wird. Die hier lebenden Menschen sind vor allem in der Landwirtschaft tätig, die Wüste wurde über Jahrzehnte hinweg urbar gemacht. Nicht einmal die gewaltsame Machtübernahme der Hamas im Gazastreifen 2007 führte zu einem Ende des Miteinanders: Tausende von Palästinensern kamen täglich über die Grenze und arbeiteten in israelischen Betrieben und Haushalten. Für die hier lebenden Menschen war es ein kleines Paradies, trotz der ständigen Bedrohung durch Raketenangriffe.

Yoel Keidar (54) stammt aus Netiv HaAsara*, einem Moshav westlich von Sderot, nur wenige hundert Meter nördlich vom Gazastreifen. Keine Siedlung liegt dichter am Grenzzaun. Dort lebt er mit seiner Frau, mit der er vier

* Netiv HaAsara hat eine besondere Geschichte: Ursprünglich wurde das Moshav 1973 auf dem Sinai gegründet. Nach dem Abkommen von Camp David und der Rückgabe der Halbinsel von Israel an Ägypten wurde die Gemeinschaft vollständig geräumt und 1982 von etwa 70 Familien am heutigen Standort neu aufgebaut.

gemeinsame Kinder hat. Auch seine Eltern sowie seine beiden Schwestern wohnen hier mit ihren Familien. Zusammen mit seinem Vater (83) züchtet er Tomaten- und Paprikasamen und verkauft diese an große Unternehmen.

Als Moshav werden genossenschaftlich organisierte Bauerndörfer bezeichnet. Man zählt in Israel heute über 450 Moshavim, in denen etwa fünf Prozent der Bevölkerung des Landes wohnen. Während die Mitglieder eines Kibbuz Alltag und Eigentum traditionell gemeinschaftlich organisieren, bewahren die Bewohner eines Moshav ein hohes Maß an wirtschaftlicher Eigenständigkeit. Dennoch teilen sie einige Güter zur gegenseitigen Unterstützung. In immer mehr Kibbuzim wird heutzutage jedoch auch Privateigentum akzeptiert, eine Annäherung an die Idee des Moshav.

Einst gab es hier ein friedliches Miteinander von Israelis und Palästinensern. Man besuchte sich gegenseitig, ging zum Einkaufen über die Grenze. Daran erinnert heute nur noch eine Kunstinstallation, der „Path to Peace".[4] Denn mit der Machtübernahme durch die Hamas änderte sich 2007 alles. Nun kommt es regelmäßig zu Raketenangriffen und Terroranschlägen aus dem Gazastreifen. Für die Menschen in Netiv HaAsara wird es die neue Normalität.

Yoel und ich haben uns bereits 2022 kennengelernt, als er im Juni und Dezember Abgeordneten des Deutschen Bundestags die Situation vor Ort erläuterte, die ich im Rahmen von Delegationsreisen begleitete. Schon damals war unser Gesprächspartner sehr direkt und erklärte uns, dass die Bedrohung durch den Terrorismus nicht mehr akzeptabel sei und neutralisiert werden müsse. Manch einen Delegationsteilnehmer hat die Vehemenz seiner Forderung seinerzeit irritiert und bestürzt.

Am 7. Oktober 2023 werden selbst Yoels schlimmste Befürchtungen übertroffen. Im Morgengrauen überfallen 35 bewaffnete Kämpfer der Hamas mit Autos und Paraglidern das landwirtschaftlich geprägte Dorf. Die Menschen wiegen sich in ihren Schutzräumen derweil in Sicherheit vor den Raketen. Mindestens 20 der rund 1000 Einwohner werden ermordet. Es dauert Stunden, bis die israelische Armee eintrifft und den Kampf gegen die Hamas aufnimmt. Bis dahin kämpfen die Bewohner allein und verzweifelt um ihr Leben, während die Terroristen von Haus zu Haus ziehen.

Noel und ich treffen uns für unser Gespräch in der Lobby eines Hotels am Hauptstrand von Tel Aviv. Hier kamen nach der Evakuierung aus dem Süden des Landes viele Menschen unter, traumatisiert, oft mit nicht viel mehr als Sommerkleidung, die eilig zusammengepackt wurde. Eine kleine Fotoausstellung an der Wand erinnert daran. Niemand hatte eine Vorstellung, dass die Evakuierung sich teilweise weit über ein Jahr hinziehen sollte. Mein Gesprächspartner steigt entsprechend mit sehr deutlichen Worten ein: „Man kann nicht auf Dauer mit dem Terror leben. Wir haben 20 Jahre lang gezögert, aus Rücksicht auf die Zivilisten in Gaza. Jetzt ist Israel aufgewacht. Zuerst hat uns unsere Moral besiegt, nun müssen wir die Terrororganisationen besiegen."

Aus seiner Sicht müsse man den Kampf gegen die Hamas auch über das Schicksal von Geiseln stellen. Ihm ist bewusst, dass seine Position von vielen Israelis nicht geteilt wird – erst recht nicht nach dem 7. Oktober. Regelmäßig kommt es im Jahresverlauf 2024 in Tel Aviv und anderen Städten zu großen Demonstrationen gegen die Politik der Regierung – gegen den Krieg und für die sofortige Rückkehr aller Entführten. Ob dies seine Meinung als Vater sei, möchte ich wissen. „Ich spreche hier für mein Volk“, antwortet mir Yoel mit klarem Blick. Seine Stimme vermittelt dabei eine Mischung aus Härte, Entschlossenheit und Fürsorge.

Vorsichtig bitte ich ihn, mir von seinen Erlebnissen des 7. Oktobers zu berichten. Er behält seine Direktheit bei: „Am Vorabend hatten wir ein großes Abendessen mit der Familie in meinem Haus, wie eigentlich jeden Freitag zu Schabbat. Am frühen Morgen um 6.30 Uhr ging es los, die Sirene weckte uns. Wir haben uns an die Raketen gewöhnt. Doch wir merkten bald, dass etwas anders war als sonst. Nach etwa 30 Minuten erfuhren wir, dass Terroristen in unserem Dorf waren und von Tür zu Tür zogen. Ich ließ meine Familie im Schutzraum des Hauses und ging mit einer Pistole bewaffnet auf die Straße.“ Es kommt zu keiner Begegnung mit den Terroristen. Rückblickend beschreibt er dies als sein Glück.

Seine Nichte sendet ihm wenig später eine Nachricht und bittet um Hilfe. Sie hat sich mit ihrer Mutter, Yoels Schwester, und ihrem Bruder in einem Schrank in ihrem Haus vor der Hamas versteckt. Yoel geht zurück zu seiner Frau und schildert die Situation. Er will helfen, doch sie hält ihn auf. Wenn er jetzt gehen würde, wäre seine eigene Familie schutzlos und er würde sie eventuell nie lebend wiedersehen. Er muss sich entscheiden: Soll er versuchen, seine Schwester und ihre Familie zu retten, oder auf seine Frau hören und seine eigene Familie beschützen? Yoel schreibt seiner Nichte, dass die Armee sehr bald kommen werde, um sie zu retten. Zumindest hofft er zu diesem Zeitpunkt darauf.

Ein Sohn von Yoel arbeitet zu dieser Zeit als Zivilist am Grenzübergang Erez Crossing, dem nördlichen Grenzübergang zwischen Israel und dem Gazastreifen, unweit von Netiv HaAsara. Er ist für die Kontrolle von Krankenwagen zuständig, die Patienten zur Behandlung aus Gaza nach Israel bringen. Der Übergang war für Tausende Palästinenser, die auf humanitäre Hilfe oder medizinische Versorgung angewiesen waren, von großer Bedeutung. Bis zu 18 000 Arbeitskräfte passierten hier zudem täglich die Grenze. In der *Times of Israel* wird Erez Crossing als „der einzige Weg für eine Koexistenz zwischen Israel und Gaza" beschrieben.[5]

Die Al-Qassam-Brigaden der Hamas erobern die Grenzeinrichtung am 7. Oktober mit 50 Terroristen. Nach Angaben der israelischen Armee werden hier acht Soldaten ermordet. Drei weitere werden entführt, zwei der Geiseln wurden mittlerweile tot aus dem Gazastreifen geborgen. Es kommt zu massiven Zerstörungen. Im Internet kursieren Videos der Überwachungskameras. Yoels Sohn hat sich mit vier Kollegen in einem Wartungsraum vor den Terroristen versteckt, erfahre ich vom Vater. Offenbar gab es Kontakt zwischen beiden: Der Sohn bittet den Vater um Hilfe, doch Yoel kann erneut nichts unternehmen.

Ich erinnere mich, wie modern das große Terminal bei einem Besuch im Sommer 2022 wirkte, vergleichbar mit einem neuen Flughafengebäude, und wie sehr mich die zerschossenen Scheiben, Einschusslöcher und getrocknetes Blut sowie die Feuerschäden bei einem Besuch im Februar 2024 schockierten. Das Hauptgebäude war stark beschädigt, umliegende Liegenschaften waren fast vollständig zerstört. Auf dem benachbarten Parkplatz standen noch die Überreste einiger Autos. Mitte Dezember 2023 geben die Israel Defense Forces (IDF) zudem bekannt, dass nur wenige hundert Meter vom Grenzübergang entfernt ein Tunnel der Hamas entdeckt wurde, der sich über vier Kilometer Länge hinzieht. Er ist groß genug, um auch von Fahrzeugen genutzt zu werden. Der Tunnel diente nach Armeeangaben einem Zweck: „Israel und seine Bewohner anzugreifen."[6] Erst im Mai 2024, sieben Monate nach dem Überfall, kann der Grenzübergang wieder für Hilfslieferungen genutzt werden.

Während mein Gesprächspartner seine Erinnerungen schildert, gerät er mehrfach ins Stocken. Seine Schwester und ihre Familie werden einige Stunden später lebend von der Armee befreit und in Sicherheit gebracht. Sein Sohn kann nach zehn Stunden von der IDF gerettet werden. Wie durch ein Wunder hat die Hamas den Wartungsraum nicht entdeckt. Aufgrund dieser Ereignisse befindet sich der Landwirt auch Monate später noch in psychologischer Behandlung.

Zurück nach Netiv HaAsara: Gegen 16 Uhr hat die Familie von Yoel eine Chance, das Dorf in drei privaten Fahrzeugen zu verlassen. Sie machen sich ohne Genehmigung auf den Weg und wissen, dass es ein großes Risiko ist. Immer noch sind nicht alle Terroristen in der Gegend gefasst oder ausgeschaltet worden. Plötzlich ruft sein Sohn an, der sich zuletzt vom Erez Crossing gemeldet hat. Yoel kann zu diesem Zeitpunkt nicht glauben, dass er noch am Leben ist und möchte zuerst nicht ans Telefon gehen. Er ist überzeugt, dass sein Sohn gekidnappt wurde und nun die Hamas anruft. „Besser tot als gekidnappt", kommentiert er diesen Moment. Schließlich geht er doch dran. Sie treffen sich kurz darauf, auf dem Weg gen Norden. „Es ist großes Glück, dass er noch lebt", schlussfolgert der Vater.

Die ersten zwei Wochen nach dem Angriff der Hamas kommt die Familie bei Freunden in Tel Aviv unter.

Die nächsten zwei Monate leben sie mit seiner Schwester und deren Familie etwas weiter nördlich in Herzliya. Danach beziehen sie ein Haus in der Nähe, welches sie zunächst bis August nutzen können. Seiner Arbeit kann Yoel seit der Evakuierung nicht mehr nachgehen. Die Folgen des 7. Oktobers sind für die israelische Landwirtschaft insgesamt dramatisch. Das Ausmaß der Zerstörung von Betrieben und Infrastruktur ist enorm. Dennoch bleibt mein Gesprächspartner optimistisch. Er hofft darauf, dass ihm die Regierung einen Teil seiner entgangenen Einnahmen ersetzen wird. Bis dies geklärt ist, erhält er mit seiner Familie staatliche Unterstützung wie alle anderen Evakuierten.

Wir kommen auf die Zukunft zu sprechen. „Die Menschen verstehen es nicht: ‚Free Palestine' bedeutet die Ermordung von acht Millionen Israelis. Mir tun die Leute in Gaza leid. Sie sind sicherlich unter Druck, haben auch Angst und leiden. Jeder hat Angst vor der Hamas. Aber es ist nicht meine Verantwortung, ihnen zu helfen." Ich möchte von ihm wissen, wie es weitergehen und ob er sich eine friedliche Koexistenz vorstellen kann: Nach dem Sieg müsse Israel Frieden mit den Palästinensern schließen, findet Yoel. „Wir wollen Gaza nicht besetzen. Wir müssen gemeinsam etwas Neues aufbauen, einen neuen Staat für die Palästinenser", ergänzt er und macht damit deutlich, doch Mitverantwortung übernehmen zu wollen.

Von seiner Regierung erwartet er, dass ein Plan dafür entwickelt wird, am Ende müsse es aber Teamwork sein, Israelis und Palästinenser gemeinsam. Er zieht eine interessante Parallele zur Versöhnung zwischen Deutschen und Israelis: Sogar eine wunderbare Freundschaft sei dabei entstanden. Dies könne auch zwischen Israelis und Palästinensern möglich sein, „nicht in einem Jahr, nicht in fünf Jahren, aber in der Zukunft".

Im Gespräch mit dem Landwirt wird mir einmal mehr verdeutlicht, was ich seit dem 7. Oktober überall im Land höre. Auch wenn es aus Israel zunächst Anerkennung und Dank für die Solidarität nach dem Angriff der Hamas gab, so überwiegt doch mittlerweile das in Europa schwer nachvollziehbare Gefühl, als Gesellschaft auf sich allein gestellt zu sein. Immer häufiger hört man Vergleiche mit dem Holocaust – ein Trauma, das tief in der israelischen Gesellschaft verankert ist und Familien über Generationen prägt. Auch er sei nicht im Verborgenen passiert – die Menschen wussten Bescheid. Ebenso geschah das Hamas-Blutbad vor den Augen der Welt – und niemand kümmerte es so richtig. Diese Auffassung der Lage wird ergänzt durch eine Mischung aus dem klaren Wunsch nach Frieden sowie der Überzeugung, dass die Hamas dafür nicht weiter existieren darf.

Zu unserem Gespräch trägt Yoel Jeans und T-Shirt, eine Sonnenbrille auf dem rasierten Kopf. Man könnte denken, er wolle gleich wieder zurück an die Arbeit in seinem landwirtschaftlichen Betrieb. Doch er lebt weiterhin mit seiner Familie in Herzliya, etwas nördlich von Tel Aviv. Sechs Monate nach der Evakuierung ist noch immer unklar, ob und wann er zurückkehren kann. Selbst wenn sie es morgen dürften: Seine Frau fühlt sich in Netiv HaAsara nicht mehr sicher.

Mutter, Ärztin, Superwoman

Es gibt viel zu viele Geschichten wie die von Yoel Keidar. Einige Menschen haben ihre Häuser verloren, andere ihre Angehörigen. Manche beides. Ein tiefer Schmerz überzieht die gesamte Gesellschaft. Fast alle im Land eint dennoch ein zuversichtlicher Blick auf eine bessere Zukunft und der Wille, niemals aufzugeben. Israelische Resilienz eben. Zu diesen Menschen gehört auch Dr. Ellay Golan, die heute aufgrund ihres Mutes und ihres starken Willens als Heldin und Superwoman beschrieben wird.[7] Wir treffen uns am 19. Juni 2024 auf Vermittlung des Sheba Medical Centers zum Gespräch.

Ellay wohnt mit ihrem Mann Ariel und der anderthalb Jahre alten Tochter Yael im Kibbuz Kfar Aza, als die Hamas Israel überfällt. Ariels Eltern leben ebenfalls im Dorf. Ellay stammt ursprünglich aus der etwa 30 Kilometer weiter südwestlich gelegenen Stadt Ofakim. Ab 6.30 Uhr werden Hunderte Raketen auf das direkt am Gazastreifen gelegene Kibbuz mit seinen rund 800 Bewohnern abgefeuert. Kurz darauf fallen die Terroristen in den Ort ein.

Das Kinderzimmer ist gleichzeitig auch der Schutzraum des Hauses, also besonders abgesichert. Ähnlich wie das unweit gelegene Netiv HaAsara wird auch Kfar Aza häufiger mit Raketen angegriffen. Deshalb haben Ellay und ihr Mann diesen Raum für die Tochter ausgewählt. So müssen sie Yael nicht ständig wecken, wenn wieder einmal die Sirenen ertönen, berichtet mir die junge Mutter.

Während sie zu dritt Schutz im Kinderzimmer suchen, erreichen sie schon bald zahlreiche WhatsApp-Nachrichten. Ellay erinnert sich: „Unwirklich, wie viele Bitten um Hilfe wir erhalten haben. Da wir keine Waffen im Haus haben, holte mein Mann etwas zu Essen und ein großes Messer aus der Küche.“ Gegen 7.30 Uhr meldet sich ein Nachbar und enger Freund des Paares. Er wurde durch einen Schuss ins Knie verletzt. Sie wollen helfen, realisieren jedoch, dass es zu diesem Zeitpunkt einem Selbstmordkommando gleichkommen würde. Wenig später wird der Freund von der Hamas getötet. Mehr als zehn Prozent der Bewohner von Kfar Aza werden an diesem Tag ermordet oder als Geiseln verschleppt.

Zur Mittagszeit hören sie Arabisch vor dem Haus. Die Tür zu ihrem Schutzraum lässt sich nicht abschließen – wie es meistens der Fall ist. Der Raum soll gegen Raketenterror, nicht aber vor Eindringlingen Schutz bieten. Die Eltern haben die Tür von innen mit einem Schrank verbarrikadiert. Die Terroristen versuchen, die junge Familie aus ihrem Versteck zu locken. Im Nachgang realisieren Ellay und Ariel, dass sie entführt werden sollten. Nach einigen ergebnislosen Versuchen ändern die Angreifer ihr Vorgehen, wollen nun in den Schutzraum eindringen, schießen wieder und wieder auf die Tür.

Die Terroristen benutzen schließlich Kleidungsstücke der Eltern, um ein Feuer zu legen. Anschließend werfen sie einen Behälter mit Gas für die Küche von draußen ins Haus, mit der Absicht, die Familie lebendig zu verbrennen. Ellay, Ariel und Yael schaffen es durch die Flammen ins Badezimmer zu fliehen, wo sie ihre Haut mit Wasser kühlen können. Die Terroristen zielen mit einem weiteren Gasbehälter auf die Familie im bereits brennenden Haus. Die Familie flüchtet in die Küche und versteckt sich dort. Als ein Teil des Gebäudes einstürzt, ziehen die Angreifer weiter. „Sie dachten wohl, sie hätten ihren Job getan: ermorden oder kidnappen", sagt Ellay. Die beiden nutzen die Gelegenheit und retten sich mit ihrer Tochter in den landwirtschaftlich genutzten Teil des Dorfes. Dort sehen sie einen großen Traktor und klettern in die Kabine. Hier verharrt die junge Familie mehr als 90 Minuten ohne Wasser.

Die kleine Yael verliert währenddessen immer wieder das Bewusstsein. Die Eltern müssen handeln. Sie verlassen das sicher geglaubte Versteck und bahnen sich einen Weg zum Eingang des Kibbuz. Dort sind mittlerweile Soldaten der IDF eingetroffen. Ein Helikopter bringt sie kurz darauf zur Versorgung ihrer Brandwunden zum Sheba Medical Center bei Tel Aviv. Alle drei überleben den Angriff der Terroristen wie durch ein Wunder. Die Kämpfe um Kfar Aza dauern insgesamt zwei Tage.

Das Vorgehen der Angreifer ist kein Einzelfall, es hat System. Wie verschiedene Studien und Berichte belegen, war die Attacke der Hamas und weiterer nach Israel eindringender Terrorgruppen explizit darauf ausgelegt, Zivilisten zu töten und so viele Menschen wie möglich als Geiseln zu nehmen. Die bewaffneten Gruppen schossen oft aus nächster Nähe auf alle Menschen, die sie antrafen, warfen Granaten, feuerten Panzerfäuste auf Häuser, schossen in Schutzräume, verbrannten und erstickten Menschen. Verbrechen gegen die Menschlichkeit. Meine Gesprächspartnerin glaubt, es habe sich bei den Angreifern in ihrem Fall um palästinensische Zivilisten und keine Kämpfer der Hamas gehandelt. Das wäre für sie noch gravierender: „Es gäbe niemanden mehr, um Frieden zu schließen."

Ellay, die mittlerweile selbst Ärztin ist, ist am schwersten verbrannt. Sie schützte ihre junge Tochter mit ihrem eigenen Körper vor den Flammen. 58 Tage verbringt die junge Mutter in künstlicher Narkose. „Ich war schockiert, als ich anschließend von meinem Mann erfahren habe, was mit unserer Gemeinschaft passiert ist, mit unseren Freunden und den anderen Menschen. Man kann nicht glauben, dass Menschen so hasserfüllt sein können", sagt sie und ergänzt: „Ich weiß nicht, ob wir uns in unserem Land je wieder sicher fühlen können."

Insbesondere die letzte Aussage wiegt schwer. Sie ist in ähnlicher Form seit dem 7. Oktober häufiger zu hören, egal ob man sich mit direkt oder indirekt Betroffenen in Israel unterhält. Die großen Demonstrationen im Land sind entsprechend Ausdruck der Enttäuschung gegenüber der Regierung: Der Staat wurde 1948, nur drei Jahre nach dem Zweiten Weltkrieg, auch als sicherer Zufluchtsort für die Überlebenden des Holocausts sowie für Juden aus aller Welt gegründet.[8] Das staatliche Sicherheitsversprechen ist damit eines der höchsten Güter für alle hier lebenden Menschen.

Ellay befand sich vor dem Angriff der Hamas am Ende ihres Medizinstudiums. Es verblieben nur noch wenige Monate. Mittlerweile hat Dr. Golan ihre Facharztausbildung begonnen – zuerst am Soroka Medical Center, bis sie ans Sheba berufen wurde, wo sie sich gleichzeitig noch in der Reha befindet. Dank der dortigen innovativen Behandlungsmethoden mit israelischer Technologie ist sie überhaupt noch am Leben. Zum Abschluss hat Ellay noch eine klare, optimistische Botschaft: „Wir müssen die Regierung auf beiden Seiten ändern. Israel ist ein Mikrokosmus der Welt. Ich arbeite mit allen Religionen. Ich bin Ärztin auf der Intensivstation geworden, weil ich für jedes Leben kämpfen und es retten will."

Ins ehemals idyllische Kfar Aza möchte die junge Ärztin jedoch nicht zurückkehren. „Für uns ist das nur noch eine Gedenkstätte", meint sie und fügt hinzu, dass die Sicherheit ihrer kleinen Tochter für sie und ihren Mann das Wichtigste sei. Das Paradies ist auch für Ellay zerstört.

Nova Festival – Der Horror kam im Morgengrauen

Tomer Zadik ist 24 und studiert Business Management an der Tel Aviv University. Er ist in Israel geboren wie auch sein Vater, dessen Vorfahren aus Polen stammen. Seine Mutter kam als Kind aus der Türkei ins Land. Während seiner Zeit in der israelischen Marine lebte er ein Jahr in Kiel. Er denkt gerne an seine Zeit in Deutschland zurück. Anfang Dezember 2023 traf ich Tomer erstmals mit einer Delegation europäischer Abgeordneter, darunter auch einige Mitglieder des Deutschen Bundestags. Seinerzeit befand er sich nach mehreren Operationen in Reha-Maßnahmen im Tel Aviv Sourasky Medical Center, einem der führenden Krankenhäuser Israels. Der rechte Arm war noch bandagiert. Hier hatten ihn am 7. Oktober mehrere Kugeln getroffen und schwer verletzt.

Drei Monate später treffen wir uns wieder. Es ist Anfang März. Die Frühlingssonne strahlt über Tel Aviv. Dieses Mal unterhalten Tomer und ich uns nicht in der sterilen Atmosphäre eines Krankenhauses. Wir treffen uns am Rande einer Veranstaltung von Young Professionals, jungen Berufsanfängern aus verschiedenen Branchen der Stadt, die an diesem Abend über „The Day After", also die Zeit nach dem 7. Oktober, mit einem Experten des Instituts für Nationale Sicherheitsstudien (INSS) diskutieren. Auch wenn die Sicherheitslage weiterhin angespannt ist, so ist die Stimmung unter den Teilnehmern gut. Man gibt sich optimistisch, dass es nach dem Krieg wieder eine Chance auf Frieden mit den Palästinensern geben wird. Allerdings müsse zuerst die Hamas besiegt werden, so der Tenor. Diese Einschätzung wird sowohl von politisch linken als auch von eher konservativen Menschen geteilt. Der Wunsch nach Sicherheit und Frieden ist in der israelischen Gesellschaft überall präsent.

Im Anschluss an Vortrag und Diskussion setzen wir uns in einer ruhigen Ecke zusammen. Vor uns auf dem Tisch steht ein großes, edel anmutendes Schachbrett. An der Wand hängt ein Bild, das Menachem Begin, den ehemaligen Premierminister Israels, beim Schachspiel zeigt. In die Amtszeit des als rechten Hardliner bekannten Politikers fiel der Friedensvertrag mit Ägypten, für den er 1978, gemeinsam mit dem ägyptischen Präsidenten Anwar al-Sadat, mit dem Friedensnobelpreis ausgezeichnet wurde.[9]

Tomer trägt einen grauen Pullover. Er wirkt entspannter als bei unserem ersten Treffen im Dezember, was angesichts seiner fortschreitenden Genesung nachvollziehbar ist. Dennoch blickt er immer wieder nachdenklich in die Ferne. Weiterhin muss er zwei Mal pro Woche zur Reha. Seine Smartwatch brummt und blinkt während unseres Gesprächs fortwährend. Er gehört zu den Überlebenden des Nova Festivals, die ihre Geschichte erzählen und dadurch international gefragte Gesprächspartner sind. Kurz vor unserem Treffen kam er aus Italien zurück, wo er auf Initiative des European Leadership Network (ELNET) in verschiedenen Runden über seine Erlebnisse berichtet hatte.

Der Morgen des 7. Oktobers beginnt für Tomer in seinem Zelt auf dem Nova Festival. Nach einer kurzen Nacht sucht er gerade etwas Ruhe. Gegen 6.30 Uhr weckt ihn der Raketenalarm. Eigentlich wollte er gar nicht dort sein, berichtet er mir. Es ist sein erster Besuch eines Festivals. Freunde hatten ihn überredet. Als die Sirenen ertönen, macht er sich gemeinsam mit seinen drei Begleitern auf zu den parkenden Autos. Gemeinsam mit einem Freund steigt er in seinen Wagen, um das Gelände zu verlassen. Es gibt nur einen Weg, der von hier wegführt, die Road 232. In der einen Richtung geht es nach Tel Aviv, in der anderen gen Süden. Tomer entscheidet sich dafür, gen Norden zu fahren. Er kommt nicht weit. Chaos ist ausgebrochen, zu viele Autos wollen gleichzeitig über die schmale Straße in Richtung Tel Aviv. Nichts bewegt sich mehr. Auf einmal rufen die ersten Festivalbesucher „Terroristen, Terroristen".

Tomer berichtet mir, wie er sofort sein Auto wendet und in die entgegengesetzte Richtung durchstartet. Doch nach wenigen Minuten geht es auch hier nicht weiter. Terroristen springen vor ihm und seinem Freund auf die Straße, eröffnen sofort das Feuer. Beim Versuch, erneut umzudrehen, treffen ihn mehrere Kugeln im rechten Arm. Auch sein Begleiter wird mehrfach getroffen. Instinktiv hält er das Lenkrad mit seiner linken Hand. Wie durch ein Wunder schafft er es, den Wagen erneut zu wenden und unter fortwährendem Beschuss zu fliehen. Sie rasen zurück zum Festivalgelände und schreien allen zu: „Geht da nicht hin, Terroristen! Geht da nicht hin, Terroristen!" Sein Freund ruft gleichzeitig nach medizinischer Hilfe. Kurz darauf gibt der Wagen den Geist auf. Zum Glück sind sie in der Nähe des Zelts für die medizinische Versorgung der Festivalbesucher. Die beiden Freunde steigen aus. Das Auto ist ein komplettes Wrack – kein Fenster ist mehr heil, überall sind Einschusslöcher, überall ist Blut. Tomer schließt den Wagen dennoch unterbewusst ab und nimmt die Schlüssel mit. Er wird sie behalten, bis er zu Hause ankommt, schildert mir mein Gesprächspartner seine Erinnerungen, und lächelt dabei.

Im medizinischen Zelt ruft Tomer seine Mutter an und berichtet, dass es ihm gut gehe und es eine Terrorattacke gebe. Er schildert seine Gedanken: „Es ist nicht das erste Mal, dass so etwas in Israel passiert. Normalerweise wird der Terrorist sofort getötet. Ich war mir sicher, es sind vier Terroristen, und das ist es. In 30 Minuten sollten wir sicher im Krankenhaus sein und alles wird okay." Dann kommt die Hamas auch auf das Festivalgelände. Tomer flieht mit anderen, versucht es erneut per Auto. Auf der Straße kommen sie jedoch nicht weit. Mittlerweile stehen überall zerstörte Fahrzeuge. Sie lassen den Wagen stehen, rennen erneut um ihr Leben. Alle paar Meter versuchen sie Schutz zu suchen und sich zu verstecken. Leblose Körper liegen auf dem Boden. Immer mehr Leute fliehen in totaler Panik. Währenddessen sind Schüsse, Schreie und Explosionen zu hören.

Tomer ist irgendwann allein in einem Gebüsch, hört wieder arabische Stimmen. Er ist sich sicher, sie kommen auf ihn zu. Bis hierhin denkt er die ganze Zeit: „Heute Abend bin ich zuhause. Es gibt keine andere Option." Doch jetzt beginnt er zu zweifeln, berichtet er mir. Die Situation scheint aussichtslos. Er beginnt damit, Abschiedsnachrichten an Freunde zu versenden.

Dann ruft er seinen Vater an, der sich in der Gegend auskennt, weil er selbst dort als Soldat stationiert war. Er rät ihm, unbedingt weitere Israelis zu suchen. Die Armee wird zuerst nach größeren Gruppen Ausschau halten und versuchen, diese zu retten. Irgendwann hört Tomer

Hebräisch und bewegt sich in die entsprechende Richtung. Nach ein paar hundert Metern trifft er auf eine Gruppe von 30 bis 40 Menschen, darunter israelische Polizisten und Soldaten. Man ruft ihm zu, er solle die Hände hochnehmen. „Ich kann nicht", schreit er zurück und identifiziert sich als Israeli.

In Sicherheit ist er jedoch noch lange nicht. Er bekommt mit, wie jemand per Funk versucht, Unterstützung anzufordern. Die Antwort lautet nur: „Viel Glück!" Zu dieser Zeit stehen einfach nicht genügend Einsatzkräfte zur Verfügung. Doch Tomer hat Glück: Gegen Mittag sitzt er in einem Auto und wird evakuiert. Über sechs Stunden hat er den Terror durchleben müssen. Seine drei Freunde überleben den Angriff ebenfalls.

Tomer war seitdem nicht mehr im Süden des Landes. Wir sprechen darüber, wie sich das Festivalgelände in den vergangenen Monaten zu einem Erinnerungs- und Gedenkort entwickelt hat. Dabei erwähne ich auch meine Besuche vor Ort. Fotos der Ermordeten wurden schon wenige Wochen nach dem 7. Oktober aufgestellt. Mittlerweile haben einige Familien große Gedenksteine setzen lassen, ein Wald mit Bäumen für jeden Toten soll entstehen. Bis der Krieg gegen die Hamas vorbei ist, will er dennoch und auf keinen Fall wieder dorthin zurück.

Ich frage ihn, wie er nach seinen persönlichen Erfahrungen rund um den Angriff der Hamas insgesamt zum Konflikt zwischen Israel und den Palästinensern steht. Er bezeichnet sich als politisch links und war stets für eine Zwei-Staaten-Lösung, die Schaffung eines souveränen palästinensischen Staates neben Israel. „Wenn wir den Palästinensern die Möglichkeit geben, ein gutes Leben zu führen, werden sie uns nichts tun", dachte er bis zum

7. Oktober. Diese Einstellung vertritt Tomer heute nicht mehr uneingeschränkt. „Sie wollen uns tot", sagt er. Als Land habe man zu lange toleriert, dass immer wieder Raketen aus Gaza auf Israel geschossen werden. Man könne nicht mehr mit Terroristen an der Grenze leben. Dennoch betont er, dass es eine dauerhafte Lösung geben müsse. Dies sei ihm jetzt noch klarer geworden. Der Konflikt könne nicht weitergehen. Er regt sich sehr über die Regierung von Ministerpräsident Netanjahu auf: „Unter der vorherigen Regierung wäre das alles nicht passiert."

Er finde es furchtbar, das Leid der Menschen auf Bildern aus Gaza zu sehen. Tomer möchte eigentlich Gutes bewirken. Gleichzeitig erinnere er sich, wie die Zivilbevölkerung in Gaza den Massenmord der Hamas sowie die Vergewaltigungen israelischer Frauen am 7. Oktober feierte. Aus seiner Sicht müsse die Erziehung zu Gewalt und Hass unter den Palästinensern aufhören. Er zieht dabei einen Vergleich zu Deutschland nach dem Ende des Zweiten Weltkriegs. Dafür brauche es andere Staaten, die hierbei helfen. Zwei Dinge sind ihm am Ende wichtig: Europa solle die Augen öffnen, um zu verstehen, was Israel am 7. Oktober passiert ist. Dann schlussfolgert er: „Wenn jetzt nicht gehandelt wird, dann wird so etwas in 20 Jahren auch in Berlin passieren."

Ende Oktober 2024, rund ein Jahr nach dem grausamen Blutbad der Hamas, treffe ich Tomer erneut in Tel Aviv. Wieder einmal bin ich mit einer parlamentarischen Delegation im Land. Ich frage ihn, wie es ihm heute gehe. Körperlich macht er einen sportlichen Eindruck, trägt das Hemd offen über einem weißen Shirt. Er befinde sich immer noch in psychologischer Behandlung, möchte aber keine „traurige Geschichte" sein, sagt er. „Meine Geschichte ist vorbei. Für die Geiseln ist es nicht so. Jede Sekunde ist für sie ein Albtraum."

Wie er heute auf den Krieg in Gaza blickt, möchte ich wissen. „Ich habe kein Problem mit den Palästinensern, aber mit der Hamas. Sie wollen uns töten. Sie dürfen Gaza nicht mehr kontrollieren", wiederholt Tomer seine Antwort aus dem Frühjahr und ergänzt mit einem Schimmer Hoffnung: „Nichts in der Welt möchte ich mehr als Frieden."

Ein Krieg der Emotionen

Rafaela Treistman hat familiäre Wurzeln in Deutschland, Österreich und Russland. Sie ist in Brasilien geboren. Auch ihre Eltern stammen von dort. 2019 besucht sie Israel zum ersten Mal und fühlt sich gleich zuhause. Sie entscheidet sich für das NAALE-Programm, das jüdischen Jugendlichen aus der Diaspora die Möglichkeit gibt, allein nach Israel einzuwandern und dort das Abitur abzulegen. In ihrer neuen Heimat fühlt sie sich wohl und ist glücklich. Bei meinen letzten Besuchen in Israel passte es zeitlich leider nicht für ein persönliches Treffen. Umso dankbarer bin ich, dass Rafaela für einen virtuellen Austausch bereitsteht. Wir sprechen am 23. Juli 2024 miteinander.

Zu Beginn blicken wir zurück auf die Ereignisse im Herbst 2023. Die damals 20-Jährige kommt am 6. Oktober spätabends mit ihrem Freund Ranani Glazer (23), der ebenfalls aus Brasilien stammt, auf dem Nova-Festivalgelände an. Sie sind erst seit wenigen Wochen offiziell ein Paar. „Es war eine wundervolle Party, großartige Leute. Ich war total überrascht, auch weil ich zuvor noch nie auf einem Rave war. Wir haben uns mit vielen unterhalten, haben getanzt, Food Trucks besucht und sind von Bühne zu Bühne gelaufen." Später ergänzt sie, dass die „Trance

Music Community“ die beste Gruppe von Menschen sei, der sie je begegnet ist.

„Irgendwann nach sechs Uhr morgens hörte die Musik plötzlich auf. Die Leute buhten den DJ zuerst aus, weil wir nicht verstanden, was los war“, erinnert sich Rafaela. „Dann hörten wir Explosionen, sahen eine Menge Raketen aus Richtung Gaza kommen. Versteht mich nicht falsch, ich habe schon Raketen gesehen, aber nicht in dieser Menge. Also suchten wir nach einem Schutzraum, sahen aber keinen. Wir dachten darüber nach, was passiert, wenn der Iron Dome versagt. Wir wären an dem schlechtmöglichsten Platz. Also liefen wir los, holten unsere Sachen und verließen das Gelände in Richtung Straße. Wir sahen diesen wundervollen Sonnenaufgang. Da wir mit dem Bus zum Festival gekommen waren, machten wir uns zu Fuß auf den Weg. Jemand nahm uns ein paar Meter mit dem Auto mit, bis wir einen kleinen Shelter, einen wirklich kleinen Zementblock an der Straße, sahen. Wir hielten an und begaben uns hinein. Minute für Minute kamen mehr Leute in den Schutzraum. Wir waren irgendwann wohl 40 Menschen oder so. Viele wurden nervös und wir versuchten, sie zu beruhigen.“

Auf einmal sind Schüsse zu hören. Ranani steckt Rafaela ihre Kopfhörer in die Ohren und sagt ihr, sie solle Musik hören. Aber auch die Geräuschunterdrückung hilft nicht. „Wir hörten mehr Schüsse, eine Polizistin rief in ihr Funkgerät, dass sie angeschossen wurde. Dann ermordeten die Terroristen sie und warfen eine Nebelgranate in unseren Schutzraum. Wir konnten nichts mehr sehen und ich dachte nur, okay, ich sterbe wie im Holocaust in einer Gaskammer. Sie schossen immer wieder in den Schutzraum. Ich stand ganz hinten an der Wand. Irgendwann lag ich auf dem Boden, eine Frau fiel auf mich." Sie erinnert sich, dass ihr Freund irgendwann nicht mehr bei ihr ist. Der ehemalige Kampfsoldat will etwas unternehmen, irgendwie helfen.

Die Ereignisse sind auch Monate später noch sehr präsent. „Zwei Leute aus dem Schutzraum wurden gekidnappt. Eine junge Frau wurde wohl draußen vergewaltigt und ermordet, ein Typ wurde nach Gaza verschleppt und ist immer noch da", schildert mir Rafaela ihre grausamen Erlebnisse. „Terroristen kamen in den Schutzraum. Sie schauten sich um und lachten. Die junge Frau stellt sich tot und wird wie durch ein Wunder in Ruhe gelassen.

Stunden vergehen. „Irgendwann kamen wieder Leute in den Schutzraum. Wegen der Rauchgranaten konnte ich nicht richtig sehen und wegen der Explosionen und Schüsse konnte ich kaum etwas hören. Irgendwann verstand ich dennoch, dass sie auf Hebräisch riefen: ‚Wer lebt noch?' Ich antwortete nur, sie sollten mich einfach rausbringen." Rafaela beschreibt ihre Erinnerungen an die vielen Verletzten, an leblose Körper. Sie hat Bilder von Menschen im Kopf, die so verbrannt waren, dass man nicht mehr erkennen konnte, ob es Männer oder Frauen waren. Sie sieht den Körper ihres ermordeten Freundes und will es nicht wahrhaben. „Ranani und ich waren gerade erst zusammengekommen, und haben dennoch schon über Heirat und Familie gesprochen", berichtet sie mir mit einem Lächeln. Sie führt dieses Gespräch und viele weitere vor allem auch für ihn.

Irgendwann erreichen Polizisten den Ort des Geschehens und sammeln die noch lebenden Menschen auf. Nur 10 der 40 Personen aus ihrem Schutzraum sind noch am Leben. Wie durch ein Wunder haben die Überlebenden keine ernsthaften körperlichen Verletzungen erlitten. Die Ermordeten dagegen sind übel zugerichtet. Rafaela wird in ein Krankenhaus gebracht. Als ihre Mutter später zur Abholung kommt, erkennt sie die eigene Tochter zunächst nicht. So gezeichnet von den furchtbaren Ereignissen des Tages muss Rafaela ausgesehen haben. Gegen 22 Uhr können die beiden endlich nach Hause.

„Wir Überlebenden haben jetzt eine WhatsApp-Gruppe, benannt nach dem Schutzraum und mit einem Foto des Betonblocks als Gruppenbild. Zwei oder drei Mal haben wir uns schon getroffen", berichtet sie mir. „Wir sind auch noch mit den Polizisten in Kontakt, die uns gerettet haben."

Rafaela und ich sprechen darüber, welche Auswirkungen der 7. Oktober bis heute auf sie hat. „Wenn ich jetzt Sirenen höre, gehe ich nicht mehr in einen Shelter. Ich muss dann immer an den Tag denken. Alles begann damit, dass ich einen Schutzraum aufgesucht habe. Ich möchte nicht, dass es nochmal so anfängt", sorgt sich die Überlebende des Nova Festivals. Sie weiß, dass diese Einstellung nicht richtig ist, dass die Schutzräume in Wohnungen sowie im öffentlichen Raum bei Raketenangriffen Leben retten können. Und dennoch kann sie ihre Gefühle nicht ändern. Einmal mehr denke ich an dieser Stelle darüber nach, wie unterschiedlich der Alltag für die Menschen in Israel zu dem in Deutschland ist. Wir haben schlicht keine Schutzräume in unseren Wohnungen und Häusern, über deren Nutzung wir nachdenken müssten. In Deutschland müssen wir eben nicht regelmäßig Schutz vor Raketenangriffen suchen.

Am 22. Oktober 2023 hätte Rafaela eigentlich ihren Dienst in der IDF antreten sollen. Also besucht sie zuvor noch einmal für zwei Monate ihre alte Heimat Brasilien. Ich frage sie, ob sie sich als Brasilianerin oder als Israelin fühlt. „Nach alldem, was passiert ist, bin ich absolut Israelin.“ Im letzten halben Jahr ist sie gelegentlich in Europa unterwegs gewesen, zuletzt in Prag, und traf ausländische Delegationen in Israel, um über ihre Erlebnisse zu sprechen. Dabei kann sie die Schwere ihrer eigenen Worte oftmals nicht spüren, gesteht mir meine Gesprächspartnerin. In der Tat klingt die Schilderung ihrer Erlebnisse in Teilen wie ein sachlicher Bericht. Rafaela findet eine nachvollziehbare Erklärung dafür: „Mein Gehirn hat das alles irgendwie abgeschottet. Gleichzeitig ist es ganz normal für mich, ich habe es ja erlebt.“ Mit diesen Gesprächen will sie nun pausieren und arbeitet als Schauspielerin sowie als Model. „Ich probiere einfach ein paar Dinge aus und schaue, was funktioniert.“

Zum Abschluss unseres Gesprächs möchte ich von Rafaela wissen, wie es weitergehen kann, zwischen Israelis und Palästinensern. „Die Menschen verstehen es nicht. Sie sprechen über eine Zwei-Staaten-Lösung, während es auf der einen Seite nur Hass gibt. Die wollen keinen Frieden.“ Auch sie zieht eine historische Parallele zu Deutschland: „Es ist eine sehr verfahrene Situation. Die Welt müsste zusammenkommen, um die Bildung der Palästinenser grundlegend zu ändern und ein vollständig neues System zu installieren. Das wird Generationen brauchen. Dann könnte es Frieden geben. Aber das wird nicht passieren. Gaza und die Menschen dort sind der Welt doch eigentlich egal. Aus irgendwelchen Gründen ist es in der Verantwortung von Israel, sich darum zu kümmern. In anderen Teilen der Welt werden Muslime in Konzentrationslagern gehalten. Und niemand kümmert sich darum.

Aber hier geht es um Israel und jeder schaut hin und hat eine Meinung. Das ist doch verrückt. Das ist doch schon wieder Antisemitismus pur."

Wir sprechen über Fake News und Desinformation. Über die Anschuldigung, Israel würde einen Genozid in Gaza begehen. Rafaela findet diese Behauptung absurd. Sie wird sehr deutlich und regt sich darüber auf, wie viele Menschen sich heute nur noch über TikTok informieren und dadurch ihre Meinung bilden. Auch in ihrer alten Heimat Brasilien explodierte der Hass auf Juden und Israel nach dem 7. Oktober. Sie berichtet mir, dass Freunde von ihr nicht mehr mit einem in der Öffentlichkeit sichtbaren Davidstern auf die Straße gehen würden. Zustände, die wir auch aus Europa kennen, selbst aus deutschen Städten. Dazu hat sie im Februar 2024 gemeinsam mit dem israelischen Außenminister Israel Katz ein Video aufgenommen und damit den brasilianischen Präsidenten Lula da Silva direkt adressiert.[10] „Das ist kein rationaler Krieg mehr, den wir anhand von Fakten diskutieren. Das ist ein Krieg der Emotionen", analysiert sie. Rafaela findet, es müssten mehr Menschen nach Israel kommen und vor Ort sehen, wie es wirklich ist. Sie würde sich dann jederzeit wieder als Gesprächspartnerin anbieten.

Menschliche Überreste – Wenn die Sicherheit versagt

Es ist Mitte März. Drei Mal bin ich seit dem 7. Oktober bereits in Israel gewesen. Nun sammle ich meine Gedanken und beobachte die Entwicklungen aus dem fernen Berlin. Bevor es Anfang April erneut in den Nahen Osten geht, treffe ich Dr. Naama Samet-Rubinstein für ein virtuelles Gespräch. Die Kieferchirurgin arbeitet neben ihrem Beruf seit 15 Jahren ehrenamtlich in der forensischen Abteilung der israelischen Polizei.

Dieses Buch soll über die Fakten und Folgen des 7. Oktobers informieren. Gleichzeitig soll es auch persönliche Einblicke geben und verschiedene Perspektiven der israelischen Gesellschaft aufzeigen, schildere ich ihr zu Beginn meine Intention. Sie blickt nachdenklich in die Kamera und nickt. Es ist ihr offenbar ebenso ein Anliegen. Ihre Brille und ihr schlichtes, schwarzes T-Shirt unterstreichen ihre Ernsthaftigkeit. Das nachfolgend zusammengefasste Gespräch enthält einige unmittelbare Gewaltschilderungen. Bitte beachten Sie dies vor dem Lesen.

Am 7. Oktober ruft früh morgens ihre Mutter an. Sie ist beinahe 90 Jahre alt. „Du musst aufstehen, es gibt Raketenalarm." Wenig später meldet sich die Polizei und bittet Dr. Samet-Rubinstein darum, zur Shura-Militärbasis unweit des Flughafens von Tel Aviv zu kommen. Es werden vier Ärzte gesucht, um die Toten des Nova Festivals zu untersuchen. In der Vergangenheit hat sie für die Polizei pro Jahr zwei bis drei Leichen identifiziert. Dies sollte sich mit dem Angriff der Hamas auf unvorstellbare Weise ändern. Die nächsten anderthalb Monate wird sie gemeinsam mit 75 weiteren Medizinern, darunter 50 Zahnärzten, nichts anderes machen. Sie arbeiten rund um die Uhr, in mehreren Schichten.

Dr. Samet-Rubinstein erinnert sich noch detailliert an die ersten Stunden und Tage. Auf der Militärbasis stehen etwa zehn Räume zur Verfügung. Es gibt zunächst viel Chaos, niemand ist auf eine solche Situation vorbereitet. Am Nachmittag des 7. Oktobers treffen bereits die ersten Leichen ein. Sie arbeiten in Teams. Eine Person untersucht die Körper, eine andere kümmert sich darum, DNA sowie Röntgenaufnahmen der Zähne zu erfassen. Anfangs stehen noch keine Computer zur Verfügung. Jedes Opfer erhält eine Nummer.

Um 9 Uhr am nächsten Morgen wird Dr. Samet-Rubinstein abgelöst. Sie ist völlig erschöpft und will an diesem 8. Oktober gerade die Basis verlassen. Dann hört sie, dass gleich ein Lastwagen mit weiteren Toten vor allem aus dem Kibbuz Be'eri eintreffen wird – 150 Opfer, die Hälfte davon Erwachsene, die andere Hälfte Kinder. Die landwirtschaftlich geprägte Siedlung ist am 7. Oktober besonders hart getroffen. Über 100 Zivilisten sowie 30 Sicherheitskräfte werden hier von der Hamas ermordet. Sie entscheidet sich dafür, weiterzuarbeiten. „Ich weiß nicht, wie ich es beschreiben soll. Es war so unglaublich, so unglaublich grausam." Nach insgesamt 30 Stunden fährt sie endlich nach Hause, um etwas Ruhe zu finden.

Es gibt keine einheitliche medizinische Datenbank, die bei der Arbeit hätte helfen können, erfahre ich. Manche sterblichen Überreste kann die Kieferchirurgin über die Polizeistatistik identifizieren. Laut meiner Gesprächspartnerin werden insgesamt über 1200 Opfer angeliefert – durch die IDF, die Polizei sowie Hilfsdienste wie die ultraorthodoxe Organisation Zaka.* Ganze Körper, aber auch einzelne Gliedmaßen wie Arme, Beine und Köpfe. Unter den Toten sind Erwachsene, Kinder und Babys. Von einigen Ermordeten ist nichts übriggeblieben bis auf ein paar Zähne, Implantate oder Brücken. Meine Gesprächspartnerin stockt kurz, als sie einmal mehr darüber nachdenkt, was sie erlebt und gesehen hat.

Über Wochen reichen Familien, die Angehörige vermissen und befürchten, sie könnten unter den Toten des 7. Oktobers sein, Haare, Röntgenaufnahmen von Zähnen und Gegenstände mit Fingerabdrücken ein, um bei der Identifizierung zu helfen. Sie warten, beten und hoffen vor dem Tor – ohne Kenntnis, ob ihre Vermissten unter den Toten sind oder in den Gazastreifen entführt wurden. Die Militärbasis wird später auch „Tor zur Hölle" genannt.[11]

„Die ersten Wochen war ich emotional und körperlich so beschäftigt, dass ich nicht mal Nachrichten gehört habe. Ich sah ohnehin alles direkt vor mir." Dr. Samet-Rubinstein berichtet, dass sie auch kaum Zeit fand, sich richtig um ihre Familie zu kümmern oder sich Sorgen zu machen. Sie hat drei Kinder. Die beiden jüngeren Söhne sind 29 und 25 Jahre alt. Beide dienen in der Armee, der Ältere

* Zaka ist eine vom israelischen Staat anerkannte ultraorthodoxe Organisation, die seit 1989 nach Unfällen oder Terroranschlägen Hilfe leistet, sterbliche Überreste einsammelt und dabei unterstützt, Opfer zu identifizieren. Die Organisation ist in Israel sowie bei Katastrophen auch international tätig. Während ultraorthodoxe Israelis vom Militärdienst ausgenommen sind, engagieren sich bei Zaka über 1000 Personen.

in einer nachrichtendienstlichen Abteilung, der Jüngere in einer Spezialeinheit. Sie ist dennoch die ganze Zeit mit beiden in Kontakt und weiß, dass es ihnen gut geht. Ihr jüngster Sohn war gerade in Nepal wandern, als der Krieg ausbricht. Sie riet ihm dazu, nicht zurückzukommen. Er müsse dies nicht tun, findet sie. Dennoch macht er sich auf den Weg, wie so viele andere junge Israelis aus aller Welt, um im Krieg zu dienen. Nun wurde ihr jüngster Sohn erneut eingezogen. Als wir unser Gespräch führen, ist es anderthalb Wochen her, dass sie zuletzt von ihm gehört hat.

Wir kommen im Gespräch noch einmal zurück auf die Grausamkeiten der Hamas, die Dr. Samet-Rubinstein über Monate dokumentieren musste. Zwei Erfahrungen sind ihr dabei besonders in Erinnerung geblieben. Eines Tages erhält sie einen Anruf. Sie möge bitte dringend in die Basis kommen. Eine große Anzahl von Körpern wird aus dem Gazastreifen erwartet. Als Kieferchirurgin soll sie einmal mehr bei der Identifizierung der Leichen helfen. Sie befürchtet, dass es sich um Geiseln handeln könnte, die am 7. Oktober von der Hamas entführt wurden. „Es waren aber nicht unsere Leute, es waren Araber, vermutlich Palästinenser. Sie wurden gefoltert, manche offenbar schon vor Monaten. Diese Terroristen sind extrem. Manchen wurden die Augen ausgestochen, andere Körper waren geköpft." Die sterblichen Überreste dieser Menschen wurden nach der Untersuchung zurück in den Gazastreifen gebracht, erfahre ich.

Ein anderes Mal, nach ein paar Tagen im Dienst, hebt sie einen Leichensack hoch, um die Person zu identifizieren. Sie wundert sich, dass sich etwas komisch anfühlt. Sie öffnet ihn und stellt fest, dass die Frau darin vor ihrer Ermordung sexuell missbraucht wurde. Das Becken ist gebrochen. „Das sind Monster“, stellt die Ärztin fest. Ab diesem Zeitpunkt untersuchen sie alle Körper auch auf diese grausamen Details. In den Tagen und Wochen danach kommen immer mehr Beweise für die systematische sexuelle Gewalt an Frauen durch die Hamas ans Licht. Darauf machen viele Experten frühzeitig aufmerksam. Darunter ist auch Shelly Tal Meron, eine charismatische und medienpräsente israelische Abgeordnete, die für die Partei Yesh Atid in der Knesset, dem israelischen Parlament, sitzt. Nach dem 7. Oktober reist Shelly mehrfach nach Europa, um mit Journalisten und anderen Abgeordneten über die geschlechtsspezifischen Verbrechen zu sprechen. Es dauert dennoch beinahe zwei Monate, bis sich UN Women erstmals zu den Erkenntnissen äußert. Die Unterorganisation der Vereinten Nationen wurde geschaffen, um die Rechte von Frauen zu stärken und sich für die Beendigung der Gewalt an Frauen einzusetzen.

Im Dezember 2023 besuchte ich die Shura-Militärbasis mit einer parlamentarischen Delegationsgruppe, Abgeordnete aus mehreren europäischen Ländern, berichte ich Dr. Samet-Rubinstein. Mit Schaudern denke ich dabei an die Container zurück, in denen auch zwei Monate nach dem Angriff der Hamas die noch nicht zugeordneten Leichenteile in Plastiksäcken bis zur Untersuchung aufbewahrt wurden. Zwischendurch waren es wohl über 20 dieser Container, wird uns seinerzeit vor Ort berichtet. Trotz der Kühlung lag lange ein Geruch der Verwesung in der Luft.

Es ist unvorstellbar, dass es in Europa und anderswo Menschen gibt, die das Geschehene bis heute leugnen. Meine Gesprächspartnerin hat Hunderte von Leichen untersucht. „Wir haben nicht alles fotografiert. Das hat die Polizei gemacht. Aber es ist die Wahrheit. Ich habe es mit meinen eigenen Augen gesehen“, sagt die Kieferchirurgin und schüttelt traurig den Kopf. Die Arbeit auf dem Militärstützpunkt traumatisiert. Ebenso geht es den Ersthelfern und allen, die in den Tagen und Wochen nach dem 7. Oktober damit beauftragt sind, die sterblichen Überreste der ermordeten Opfer zu bergen, einschließlich dem Blut der Ermordeten, damit sie gemäß dem jüdischen Religionsgesetz bestattet werden können.[12] Die brutale Gewalt der Hamas sowie die Dimension der verübten Verbrechen sind so gewaltig, dass sie kaum in Worte zu fassen sind. Für die beteiligten Menschen ist es dennoch wichtig, darüber zu sprechen – als Art der eigenen Verarbeitung der Ereignisse und der Bilder, die sich tief eingebrannt haben.

Wir sprechen abschließend über die Situation Israels. „Ich verstehe nicht, wie das passieren konnte. Jemand hat einen großen Fehler gemacht.“ Sie sieht vor allem den israelischen Ministerpräsidenten in der Verantwortung. „Er hat der Hamas all das Geld gegeben. Er hat sie damit aufgebaut.“ Die Frage nach der politischen Verantwortung und den Gründen wühlt sie sichtbar auf – wie so viele Menschen im Land. Nach dem Krieg wird es sicherlich eine intensive Aufarbeitung der Ereignisse geben. Zum Teil hat sie bereits begonnen. Dazu gehört es auch, die Rolle von Organisationen wie UNRWA kritisch zu untersuchen, in deren Reihen auch Täter des 7. Oktobers arbeiten, wie Dr. Samet-Rubinstein feststellt.

Die schutzsichere Weste der Nation

Dean Elsdunne ist Polizist und seit Monaten im Ausnahmezustand. Mitte Juli 2024 treffe ich mich mit dem internationalen Pressesprecher der israelischen Polizei für ein virtuelles Gespräch.

Dean kommt etwas verspätet und entschuldigt sich. Er hatte aufgrund eines aktuellen Terroranschlags in Netiv HaAsara noch zu tun. Ein Kanadier versuchte, israelische Sicherheitskräfte am Eingangstor des Moshav mit einem Messer zu attackieren. „Die IDF tötet Menschen in Gaza, ich töte euch“, soll der Attentäter gerufen haben. Er wurde von den Sicherheitskräften erschossen. Der Angreifer war am Vortag erst aus Kanada nach Israel eingereist. „Das ist die Welt, in der wir leben“, kommentiert der Polizist die Situation trocken.

Am 7. Oktober ist Dean in Jerusalem. Um 6.45 Uhr bekommt er einen Anruf aus der Zentrale der israelischen Polizei, die ihn bei großen Ereignissen stets unmittelbar informiert, sodass er als Pressesprecher entsprechende Mitteilungen für die Medien vorbereiten kann. Zum Zeitpunkt des Anrufs ist auch hier wie überall im Land noch völlig unklar, welches Ausmaß der Angriff hat. Wenige Minuten später bekommt er einen zweiten Anruf. Statt direkt in den Süden zu fahren, soll er zunächst ins Hauptquartier kommen. Dort will man die eintreffenden Informationen erst einmal sammeln und analysieren, um ein umfassendes Lagebild zu erstellen. Dean ruft mir in Erinnerung, wie chaotisch die ersten Stunden des Tages verliefen.

„Als ich ankam, waren alle bereits völlig fertig und in Tränen aufgelöst. Wir bekamen Funksprüche von angeschossenen Kollegen, die ihre letzten Wünsche übermittelten.“ Da die Nachrichten standardmäßig aufgezeichnet werden, erhofften sie sich offenbar eine Weiterleitung an ihre Familien. „Andere flehten um Hilfe. Auf manchen Kanälen trafen Nachrichten in arabischer Sprache ein, gesendet von den Terroristen, die ihren Opfern die Funkgeräte abgenommen hatten“, berichtet Dean. Er erwähnt auch den nicht enden wollenden Strom von Videos der Gräueltaten, teilweise von Überwachungskameras, teilweise von den Terroristen direkt ins Netz gestellt. Es ist der erste Massenmord dieser Größenordnung, der live im Internet übertragen wird. Zuständig für die Auswertung sind überwiegend junge Polizistinnen, 18 und 19 Jahre alt. Die emotionale Überforderung ist mehr als nachvollziehbar.

Wir kommen auf das Nova Festival zu sprechen. Über 3000 Menschen haben hier friedlich gefeiert. Wie bei solchen Großveranstaltungen üblich, ist auch die Polizei vor Ort vertreten. Als die Raketen im Morgengrauen des 7. Oktobers aus dem Gazastreifen kommen, bemühen sich die rund 40 anwesenden Polizisten zunächst, die Party zu unterbrechen, um das Gelände zu räumen. Als dies endlich gelingt, strömen den Massen bereits erste angeschossene Menschen entgegen. Gleichzeitig sehen sie am Himmel Terroristen mit Paraglidern. Die hier eingesetzten Einsatzkräfte verfügen lediglich über Handfeuerwaffen, während die Terroristen Maschinengewehre, teilweise auf Trucks montiert, und allerlei weitere, schwere Waffen haben. Dazu trägt die Hamas paramilitärische Uniformen. Laut Dean Elsdunne ist es anfänglich schwer zu verstehen, wer da überhaupt kämpft. Seine Schilderungen klingen an dieser Stelle nach reinen Himmelfahrtskommandos für die hier eingesetzten Polizisten.

Die Hamas ermordet am 7. Oktober insgesamt 58 Polizeikräfte, 17 davon auf dem Nova Festival. Immerhin konnten auch durch diesen heroischen Einsatz 2600 Festivalgäste gerettet werden. „Mutige Polizisten stellten sich den Terroristen heldenhaft entgegen. Sie haben stundenlang gekämpft und wurden so zu schusssicheren Westen für die Nation", sagt Dean Elsdunne mit Stolz in der Stimme und macht dabei deutlich, dass die Polizei in Sicherheitsfragen die erste Anlaufstelle für alles ist, was innerhalb der israelischen Grenzen passiert. Landesweit werden an diesem Tag 264 Polizisten beim Versuch, Menschenleben zu retten, teils schwer verletzt.

Wir kommen auf Sderot zu sprechen, die größte Stadt am Gazastreifen. Vor dem 7. Oktober war ich oft hier, immer auch im Gespräch mit der Polizei, die vor allem über die regelmäßig vorkommenden Raketenangriffe aus dem Gazastreifen informierte. Es gehörte zum Alltag dazu. Womit man nicht gerechnet hatte, war eine Attacke von Dutzenden schwerbewaffneter Terroristen. Über 60 Angreifer überfallen die Stadt am frühen Morgen. Schnell nimmt die Hamas die örtliche Polizeistation unter Feuer. Bis in den nächsten Morgen hinein wird gekämpft, 20 Polizisten werden ermordet. Die Hamas erobert schließlich das Gebäude und hat damit auch Zugriff auf alle dort lagernden Waffen. Daraufhin entscheidet der zuständige Polizeikommandeur, das Gebäude mit den Terroristen darin zu zerstören.

Als ich Anfang Dezember 2023 zum ersten Mal wieder vor Ort bin, sind die Trümmer der Ruine bereits weggeräumt, ein paar Steine liegen noch auf der Brachfläche. Zu diesem Zeitpunkt war die Invasion der Polizeistation bereits international bekannt. Ich stehe mit Abgeordneten aus Deutschland neben der Fläche. Eben haben wir in einem Gespräch mit der Polizei erfahren, dass sich am 7. Oktober zunächst auch von der Hamas angeschossene Zivilisten in das Gebäude gerettet haben. Bei diesem Gedanken läuft uns ein kalter Schauer über den Rücken.

Die israelische Polizei sieht sich nach den Ereignissen des 7. Oktobers auch in der Verantwortung, dem eigenen

Personal unterstützende, psychologische Hilfe anzubieten. Von Dean erfahre ich, dass ein umfangreiches „Resilience Program“ aufgelegt wurde, um Polizisten individuell und in Gruppen durch Experten zu begleiten. Von den rund 35 000 Kräften nutzen bis Sommer 2024 mehr als 28 000 das Angebot. Die Gründe sind sehr unterschiedlich. Teilweise sind es die unmittelbaren Erfahrungen mit dem Horror der Hamas, teilweise sind es Belastungen, die unter anderem dadurch entstehen, dass auch Polizisten aus dem Norden und Süden des Landes zu den Evakuierten gehören, die über Monate in Hotelräumen oder fremden Wohnungen untergebracht sind. Das Programm besteht auch noch zum Zeitpunkt unseres Gesprächs und wird vermutlich noch eine ganze Weile weiterlaufen.

Mein Gesprächspartner sieht den 7. Oktober insgesamt in einem größeren Kontext. Aus seiner Sicht handelt es sich nicht um einen weiteren Gaza-Konflikt, auch nicht um einen Konflikt zwischen Juden und Muslimen oder einen neuen Krieg zwischen Israelis und Palästinensern. Er bezeichnet die Ereignisse als Angriff auf die Menschheit, als Konflikt mit einer radikalen Ideologie. „Dies ist erst der Anfang. Es wird auch Plätze in Europa, den USA und Südamerika treffen. Wir müssen zusammenstehen und gemeinsam dagegen vorgehen“, appelliert er. Solche Warnungen aus Israel sind nicht neu. Seit dem Blutbad der Hamas höre ich sie auf meinen Reisen nach Israel jedoch immer häufiger.

Die Arbeit der Polizei hat sich seit Beginn des Krieges verändert. Abgesehen davon, dass weiterhin und permanent eine höhere Alarmbereitschaft herrscht, wurde die Zusammenarbeit mit anderen Sicherheitsorganen wie der IDF weiter ausgebaut. Vor dem 7. Oktober beschäftigte sich die kommunikative Arbeit der Polizei vor allem damit, Falschinformationen zu bekämpfen. Mittlerweile geht man proaktiver vor, erklärt auf breiterer Ebene und stellt mehr Informationen zur Verfügung. Dazu gehört auch, Abgeordnete und Journalisten zu den Tatorten im Süden mitzunehmen und ihnen vor Ort Einblicke zu geben. Über 4000 Medienvertreter hat die israelische Polizei seit dem Angriff der Hamas so unmittelbar erreicht. Der so motiviert und freundlich wirkende Dean gesteht mir, dass er trotzdem bisweilen das Gefühl hat, er würde nicht genug tun.

Wir sprechen noch einmal über die Ermordeten. Dean ist Kommunikationsprofi und ringt dennoch um die passenden Worte. Wie bereits Dr. Naama Samet-Rubinstein berichtet er von der Arbeit auf dem Shura-Militärstützpunkt. Es hat Wochen gedauert, alle Leichen hierherzubringen. Der Polizist erinnert sich, wie er mit den Familienangehörigen sprach, die gekommen waren, um zu erfahren, ob ihre Angehörigen unter den Ermordeten seien. Oftmals saßen sie stundenlang einfach nur da, vergaßen zu essen und zu trinken. Die Identifikation der Leichen wurde im Laufe der Zeit auch deshalb immer schwieriger, da die Körper teilweise wetterbedingten Einflüssen ausgesetzt waren. Zudem wurden manche der Toten von der Hamas mit Sprengfallen versehen, erfahre ich.

Israels Bevölkerung besteht zu gut 20 Prozent aus arabischen Israelis. Sie sind ein selbstverständlicher Teil der Gesellschaft – an den Universitäten, im Gesundheitswesen, in der Polizei und Armee oder auch im Parlament vertreten sowie am Obersten Gerichtshof repräsentiert. Dennoch kommt es zu Spannungen zwischen den Bevölkerungsgruppen, oft im Zusammenhang mit Selbstmordanschlägen und Angriffen der verschiedenen Terrororganisationen. Nach dem 7. Oktober war die Sorge groß, dass dies wieder der Fall sein könnte, bestätigt mir auch Dean. Er kann entsprechende Entwicklungen jedoch nicht feststellen. Seine Analyse dazu ist klar: „Die Hamas hat uns alle angegriffen, Juden und Muslime." Es klingt, als sei die Gesellschaft eher zusammengewachsen.

Seit dem 7. Oktober gibt es mehr Bewerbungen für den Polizeidienst als zuvor. Dean wiederholt zum Abschluss unseres Gesprächs seine Aussage, dass die Polizei für die Nation eine schutzsichere Weste sei. Er ist überzeugt, dass dies nun mehr Menschen verstünden. „Wir machen es nicht fürs Geld oder den Respekt. Es ist unsere Leidenschaft, Menschen zu schützen und Leben zu retten. Dieses Werte vertreten wir, dafür machen wir es."

Geiseln in Gaza – Die Hoffnung stirbt zuletzt

Yarden Gonen (30) hat im September 2023 die letzten Prüfungen ihrer akademischen Ausbildung zur Krankenpflegerin abgeschlossen. Parallel arbeitete sie als studentische Hilfskraft im Tel Aviv Sourasky Medical Center. Dort wollte sie im Januar eigentlich als Krankenschwester anfangen. In der Zwischenzeit plante sie, für zwei Monate durch Australien zu reisen. Der Abflug war bereits gebucht und ihre kleine Schwester Romi (23) hätte auf ihren Hund aufgepasst.

Am 6. Oktober waren sie und ihr Freund zum Abendessen mit ihrem Vater im Norden des Landes verabredet. Ein letztes Beisammensein vor der großen Reise. Sie versucht auch ihre kleine Schwester zu überreden, zum gemeinsamen Essen zu kommen. Doch Romi besucht lieber das Nova Festival im Süden des Landes. Eine verhängnisvolle Entscheidung. Yarden erzählt mir all dies Anfang April 2024 in Tel Aviv. Kurz zuvor hatte sie mit ihrer Mutter Berlin besucht, um auf das Schicksal von Romi aufmerksam zu machen. Wir treffen uns am Hostage Square, so wird der Platz vor dem Kunstmuseum von Tel Aviv seit einigen Monaten genannt. Kunstinstallationen erinnern an die Entführten, an Ständen sind Armbänder, Aufkleber, Pins und Poster zu erwerben, um Solidarität auszudrücken und die Familien der Geiseln zu unterstützen. Yarden trägt Ohrringe mit den bekannten gelben Schleifen und zwei entsprechende Bänder am Handgelenk.

Am 7. Oktober klingelt das Handy von Yarden um 6.40 Uhr. Es ist Romi. Seit über 10 Minuten würde es Raketen hageln, berichtet ihre kleine Schwester vom Festivalgelände. „Es ist dort nicht mehr sicher." Yarden versucht, beruhigend zu wirken, und rät ihr, mit dem Auto in Richtung Be'eri zu fahren und im nächstgelegenen Kibbuz Schutz zu suchen. Romi berichtet, dass die Raketen Bäume in Brand setzen würden. Es wäre unglaublich. Sie legen auf. Kurz darauf schaut Yarden mit ihrem Vater die Nachrichten. Sie sehen ein Video, welches die Hamas in Sderot zeigt. Beide verstehen, dass die Terroristen vermutlich auch das Festivalgelände erreichen werden.

Sie ruft Romi erneut an, die mit ihrer besten Freundin Gaya unterwegs ist. Die beiden jungen Frauen haben ihr Auto erreicht und stecken nun im Stau. Zu viele Menschen versuchen gleichzeitig, das Festivalgelände zu verlassen. Nichts bewegt sich. Yarden warnt ihre Schwester vor den Terroristen und fordert sie auf, zu fliehen, so schnell und weit weg wie möglich. Sie kann die beiden miteinander sprechen hören: „Siehst du die ganzen Leute rennen?" Im Hintergrund hört man Schreie, Autotüren werden geöffnet. Yarden hat große Angst um ihre Schwester und spürt Panik in sich aufsteigen. Minuten vergehen, die sich anfühlen wie Stunden. Die beiden jungen Frauen laufen und laufen. Kurz darauf steigen sie in ein anderes Auto.

Yarden ist weiterhin in großer Sorge, berichtet sie mir. Sie fragt, wer der Fahrer sei. Er ruft ihr zu, dass er Reservist sei und Besucher des Festivals. Sie solle sich keine Sorgen machen. Die große Schwester möchte sich nicht zu sehr einmischen und lässt Romi und Gaya gewähren. Kurz darauf muss der Soldat in Reserve die beiden jungen Frauen jedoch wieder absetzen. Er bekommt einen Anruf, sich unmittelbar bei seiner Einheit zu melden. Das Chaos entfaltet sich und entwickelt sich dynamisch.

Romi hat schlechten Empfang, aber sie lassen den Anruf laufen. Wieder hört Yarden im Hintergrund Menschen schreien: „Lauft! Versteckt Euch! Sonst seid ihr tot. Da sind Terroristen!“ Einzelne Worte, die Yarden in Erinnerung geblieben sind. Sie ruft ihrer kleinen Schwester immer wieder zu: „Bleib dran und bleib bei Gaya!“ Sie bekommt keine Antwort und wiederholt ihren Aufruf mehrfach. Die beiden jungen Festivalbesucherinnen verstecken sich in einem Gebüsch. Yarden erinnert mich daran, dass es bereits Herbst war und sich der Süden Israels durch heiße und trockene Sommer auszeichnet. „Wahrscheinlich war das also kein besonders gutes Versteck.“ Sie ruft ihrer kleinen Schwester am Telefon zu, nicht impulsiv zu handeln, sondern einmal tief einzuatmen und dann zu entscheiden. Im Hintergrund hört man Schüsse und Rufe in arabischer Sprache. Romi sendet ihren Standort für eine mögliche Rettung. Der Kontakt bricht für eine Weile ab.

Gegen 9.30 Uhr gibt es ein Lebenszeichen von Gaya. Sie halten sich mit anderen Leuten versteckt. Etwa eine halbe Stunde später ruft Romi ihren Vater an und teilt ihm mit, dass sie von einem anderen Festivalbesucher mitgenommen wurden und bald in Sicherheit sein werden. Sie unterhalten sich kurz über alltägliche Dinge wie die Schlüssel für die Wohnung, erinnert sich Yarden. Doch bereits wenige Minuten später gibt es eine dramatische Wendung. Romi kontaktiert ihre Mutter: „Mama, wir sind in einen Hinterhalt geraten.“ Sie berichtet, dass der Fahrer tot sei, Gaya wurde ebenfalls angeschossen und sei nicht mehr ansprechbar. Die beiden saßen vorne im Wagen. Sie werden später tot im Auto aufgefunden. Romi wurde angeschossen und blutet. Der Fahrer hieß Ben Shimoni (31), ein Arbeitskollege von Gaya. Er rettete am 7. Oktober zuvor 12 Menschen das Leben.[13]

Das Gespräch dauert gut 45 Minuten. Romi weiß sich nicht zu helfen. Sie ist völlig verzweifelt, erinnert sich ihre große Schwester. Die Mutter versucht, ihre Tochter zu beruhigen, sie mit einfachen Fragen abzulenken und ihr Mut zuzusprechen. Im Hintergrund hört man immer wieder Schüsse. Ofir Tzarfati sitzt ebenfalls im Wagen. Romi kennt ihn nicht. Auch er wurde angeschossen. Erneut hören sie Terroristen, wie sie schreien, wie sie die Türen des Autos öffnen und versuchen, den Motor zu starten.

Der Lebensgefährte der Mutter hört am Telefon mit und ist entsetzt: „Das ist eine Geiselnahme!" Yarden berichtet mir von diesen Erinnerungen, die sie seitdem wieder und wieder mit der Familie durchgesprochen haben muss. Sie fühlt sich in diesem Augenblick allein und hilflos. Ihr Freund ist Reservist und bereits vor einigen Stunden zu seiner Basis aufgebrochen. Sie sitzt auf der Terrasse ihres Vaters und ruft die Polizei an. Doch dort wird ihr lediglich mitgeteilt, dass es derzeit zu viele Fälle geben würde und sie später erneut anrufen solle. Im Laufe des Tages gibt Yarden ein erstes Interview im israelischen Fernsehen. Sie ruft um Hilfe für ihre kleine Schwester Romi, veröffentlicht auch auf allen Social-Media-Plattformen entsprechende Aufrufe. Im Chaos des 7. Oktobers werden zwischenzeitlich über 3000 Menschen als vermisst gemeldet. Es fällt schwer, sich eine solche Situation vorzustellen, wenn man sie nicht selbst erlebt hat.

Abends erhält Yarden einen unerwarteten Anruf auf ihrem Handy. Ein Mann teilt ihr in gebrochenem Englisch mit arabischem Akzent mit: „Wir haben Dein Mädchen. Du wirst uns Geld geben." Ähnliche Anrufe terrorisieren sie über Wochen. Unzählige Male mit verschiedenen Telefonnummern aus benachbarten Ländern. Anfangs gibt Yarden die Nummern noch an die Behörden weiter und blockt sie. Es ist reine Schikane. Nach einem Monat ist plötzlich Schluss. Irgendwie spenden diese Anrufe aber auch Hoffnung, dass Romi tatsächlich entführt wurde und noch am Leben ist, meint Yarden. Zwischenzeitlich kann die Familie ihr Handy im Gazastreifen lokalisieren.

Ende November 2023 gibt es einen ersten Deal zwischen Israel und der Hamas. Über mehrere Tage werden insgesamt 105 Geiseln gegen 240 palästinensische Gefangene ausgetauscht, die verurteilt in israelischen Gefängnissen sitzen oder auf einen Prozess warten. Von den 105 am 7. Oktober entführten Menschen stammen 24 aus Thailand und den Philippinen. Sie waren als Gastarbeiter in Israel tätig. Die weiteren 81 Personen kommen aus Israel. Romi Gonen ist nicht unter ihnen.

Am 1. Dezember gibt es dennoch erstmals ein Lebenszeichen für die Familie Gonen. Eine freigelassene Geisel berichtet ihnen telefonisch, dass Romi noch am Leben sei. Die beiden hätten einige Zeit in einem der unzähligen Terrortunnel der Hamas gemeinsam in Gefangenschaft verbracht. Romi würde sich allerdings in keinem guten Zustand befinden, auch deshalb, weil es keinerlei medizinische Versorgung gäbe.

Yarden berichtet, dass andere Familien in dieser Zeit zumindest irgendwelche offiziellen Informationen erhielten, die Gonens dagegen nicht. „Niemand versteht, dass da immer noch 134 Geiseln sind. Wir vermissen sie schon über 181 Tage." Yarden wirkt niedergeschlagen. Sie hört sich wiederholt Sprachnachrichten von Romi an, um nicht zu vergessen, wie ihre Stimme klingt. Gleichzeitig strahlt sie eine große Entschlossenheit aus, weiterhin für die Freilassung ihrer kleinen Schwester zu kämpfen. Wir schreiben den 4. April 2024. „Ich will Palästina befreien – von der Hamas", sagt Yarden energisch. „Die Hamas steht für eine neue Dimension des Terrorismus", ergänzt sie. „Es ist der Kampf der freien Welt gegen den Terrorismus. Die Menschen verstehen das nicht. Was in Israel passiert ist, könnte überall passieren."

Bei unserem Treffen trägt Yarden ein weißes Shirt mit einem Aufdruck in Hebräisch: „Ich breche, sagte das Licht, und verwandelte sich in einen Regenbogen." Die Familie träumt weiterhin von einer Rückkehr Romis. „Sie ist unser Sonnenschein!" Ihre große Schwester vermutet, dass sie dann reisen möchte, vielleicht an ruhige, wunderschöne Orte in der freien Natur. „Egal wie, wir werden weiter für Romi kämpfen. Sie weiß das!" Damit endet unser Gespräch.

Ein Nachtrag: Anfang 2025 kommt es nach langen und zähen Verhandlungen, die regelmäßig von einer Seite unterbrochen wurden, schließlich zu einem weiteren Geisel-Deal. Romi Gonen sowie Emily Damari und Doron Steinbrecher können am 19. Januar als die ersten Entführten nach Israel zurückkehren – sie verbrachten 471 Tage in der Gefangenschaft der Hamas. Weitere Geiseln folgen in den Tagen und Wochen danach – im Austausch gegen palästinensische Strafgefangene aus israelischen Gefängnissen, die entweder rechtskräftig verurteilt wurden oder deren Prozesse noch laufen. Die Terrororganisation inszenierte die Übergaben an das Rote Kreuz jeweils auf einer großen Bühne, vor der sich stets eine Menschenmenge mit Flaggen der Hamas versammelte und das Event mit Smartphones filmte. Romi dankt später ihrer Familie, allen Freunden und den israelischen Sicherheitskräften auf Instagram, die für ihre Rückkehr gekämpft haben. Sie erinnert an das Schicksal der verbliebenen 94 Geiseln und schreibt: „Es gibt ein Leben nach dem Tod." Sie beendet ihre Nachricht mit den Worten „Am Yisrael Chai" (Das Volk Israel lebt).[14] Man mag sich nicht vorstellen, welche psychischen und körperlichen Qualen die Frauen in dieser Zeit durchleben mussten. Ihre Rückkehr ist ein Tag des Glücks.

Der lange Kampf gegen das Vergessen

Ende September 2024 sitze ich mit Dr. Melody Sucharewicz in Berlin zusammen. Die in München geborene Israelin wurde gerade mit einem ELNET Award ausgezeichnet, ein Ehrenpreis der Jury, welcher ihr Engagement für die Geiseln der Hamas würdigt. Seit Monaten pendelt sie zwischen Israel und Deutschland, erinnert und mahnt. Mitten in der deutschen Hauptstadt hat sie im Mai 2024 gemeinsam mit der „For Yarden"-Stiftung den Bebelplatz symbolisch und solidarisch zum „Platz der Hamas-Geiseln" umbenannt. Yarden Romann ist Israelin mit deutscher Staatsbürgerschaft. Sie war eine der 105 Geiseln, die Ende November 2023 nach Israel zurückkehren konnten. Seitdem engagiert sich die Stiftung für die verbliebenen Geiseln.[15]

Die Laudatio auf die Preisträgerin übernahm Kai Diekmann, langjähriger Chefredakteur und Herausgeber der Bild. Im sozialen Netzwerk LinkedIn schreibt er im

Nachgang: „Du klärst auf, gibst den Opfern Namen, Gesichter, erzählst ihre Geschichten, um sie vor dem Vergessenwerden zu bewahren. Und Du kämpfst gegen die unsägliche, aber leider sehr erfolgreiche Propagandamaschine der Hamas. Immer wieder motivierst Du andere, sich ebenso zu engagieren, nicht zu schweigen und nicht untätig gegen die Flut an antisemitischem Hass und Desinformation zu bleiben.“[16]

Durch die israelische Fernsehshow „The Ambassador“ wurde Melody 2006 als Sonderbotschafterin ihres Landes international bekannt. Sie hat in Israel studiert und am renommierten King's College in London promoviert. Mit ihrer Familie lebt sie heute in Israel und berichtet mir mit einem Lächeln, dass ihre beiden Kinder natürlich auch Deutsch sprechen. Viele Jahre arbeitete die Politikberaterin eng mit dem ehemaligen israelischen Verteidigungsminister und stellvertretenden Premierminister Benny Gantz zusammen. Sie ist auf sympathische Art typisch israelisch – sie ist sehr direkt und kommt schnell zur Sache.

Im Grunde ist Melody seit dem 8. Oktober permanent für die Geisel-Familien unterwegs – hauptsächlich zwischen Deutschland und Israel. In Deutschland trifft sie Politiker und Journalisten, um auf das Leid der Geiseln aufmerksam zu machen. Mehr als nur einmal wird sie gefragt, wie sie das alles emotional schafft. Die Reisen geben den Angehörigen die Bestätigung, dass sie nicht allein sind. Man hört ihnen zu, will helfen. Das gibt die dringend benötigte Kraft, für die Familien und auch für die Kommunikationsberaterin selbst: „Ich habe das Gefühl, dass ich helfen kann“, fasst sie zusammen, was sie motiviert und antreibt.

Für das eigene Familienleben ist ihr Engagement nicht einfach. Eine Weile konnten sie und ihr Mann, der regelmäßig als Reservist für die israelische Armee im Einsatz ist, die beiden Kinder abschirmen von dem, was am 7. Oktober passiert ist. „Es entsteht eine surreale Routine – das Engagement für die Geiseln einerseits, für die eigene Familie andererseits. Doch irgendwann mussten auch die Kinder verstehen, was vor sich geht." Melody ringt bei diesem Gedanken um die passenden Worte. Dann ergänzt sie kraftvoll: „Es ist die DNA Israels. Ein Powerhouse, trotz all der schrecklichen Dinge."

In Israel wünschen sich viele Menschen, dass Deutschland mehr Druck ausüben würde, insbesondere auf Katar, um die verbleibenden Geiseln zu retten, schildert mir Melody die Stimmung in der Gesellschaft. „Es bleibt ein Kampf. Gegen die Zeit. Gegen die Hoffnungslosigkeit. Wenn wir nicht weitermachen, verschwindet das Thema aus der Öffentlichkeit und dann auch aus dem Fokus der Politik", ergänzt sie ihre Einschätzung der Lage. Damit spricht sie eine zentrale Sorge an, die ich in den vergangenen Monaten auch in Israel immer wieder gehört habe. Die Bilder des Krieges überlagern viele Debatten und verdrängen die Erinnerung an das Schicksal der entführten Menschen. Zum Zeitpunkt unseres Gesprächs sind noch immer über 100 Geiseln in den Händen der Hamas. Wie viele davon noch am Leben sind, und in welcher Verfassung sich diese Menschen befinden, ist ungewiss. Ein alltäglicher Horror für die Angehörigen.

In den vergangenen Monaten hat Melody mehr als 25 Reisen nach Deutschland unternommen, meistens mit Angehörigen der Geiseln. Mehrfach haben auch wir uns dabei getroffen. Ende Januar 2024, mehr als drei Monate nach der Entführung von Romi Gonen, saßen wir erstmals im Berliner Axel-Springer-Hochhaus zusammen. Melody hatte wie bereits erwähnt seinerzeit Yarden Gonen und ihre Mutter Meirav Leshem Gonen nach Berlin begleitet, um mit Abgeordneten und Journalisten zu sprechen. Nun denken wir einmal mehr gemeinsam an Romi und ihr eben beschriebenes Schicksal.

In Israel gibt es eine große Dankbarkeit für die Unterstützung und die Solidarität aus der deutschen Gesellschaft sowie der Politik. Als Politikberaterin hat Melody Verständnis dafür, dass sich Positionen und Meinungen dabei durchaus unterscheiden können. Dennoch schildert sie mir, wie schockierend es insbesondere für die Angehörigen der Geiseln ist, dass in Deutschland und Europa nicht nur Freunde warten, sondern auch auf unseren Straßen nahezu widerspruchslos Baklava verteilt wird, um die Taten der Hamas zu feiern. Darin sieht Melody eine klare Täter-Opfer-Umkehr. Aus ihrer Sicht fassen dschihadistische Narrative auch bei uns Fuß.

Ihre Doktorarbeit schrieb Melody über die Deradikalisierung islamistischer Extremisten und Terroristen. Zum Abschluss unseres Gesprächs wird sie noch einmal sehr deutlich und skizziert den 7. Oktober als Akt gegen den Westen, nicht aber für die Palästinenser, ihre Rechte und ihre Freiheiten. Diese Perspektive wird in Israel von sehr vielen Menschen geteilt und auch in den hier dargestellten Gesprächen oft wiederholt. „Alles, was es an guter Entwicklung gab, hat die Hamas als Anlass zur Zerstörung genommen“, meint Melody. Das dürfen wir nicht zulassen.

„Gemeinsam stark“ steht auf dem bekannten Schriftzug am alten Hafen von Tel Aviv geschrieben, Dezember 2023

Der Eingangsbereich des israelischen Außenministeriums, Dezember 2023

Die Straße der jungen Bewohner in Kfar Aza, Dezember 2023

Ein Angler neben einem Banner mit vermissten Geiseln, April 2024

Ein Gebäude der Hebrew University in Jerusalem, April 2024

Ein großer Teddybär mit Blutspuren erinnert an die entführte Aviv Asher, März 2024

BRING THEM HOME NOW!
האוניברסיטה העברית בירושלים
THE HEBREW UNIVERSITY OF JERUSALEM

AVIV ASHER

Ein Kinderspielplatz in der Nähe des Gazastreifens, Juni 2022

Ein Kranz des Ministerpräsidenten von NRW und ein Banner erinnern in Kfar Aza an Netta Epstein, Februar 2024

Ein Kühlcontainer mit sterblichen Überresten der Opfer des Hamas Angriffs auf der Shura-Militärbasis, Dezember 2023

Eine eigentlich belebte Gegend von Tel Aviv, Dezember 2023

Eine völlig zerstörte Küche im Kibbuz Be’eri, April 2024

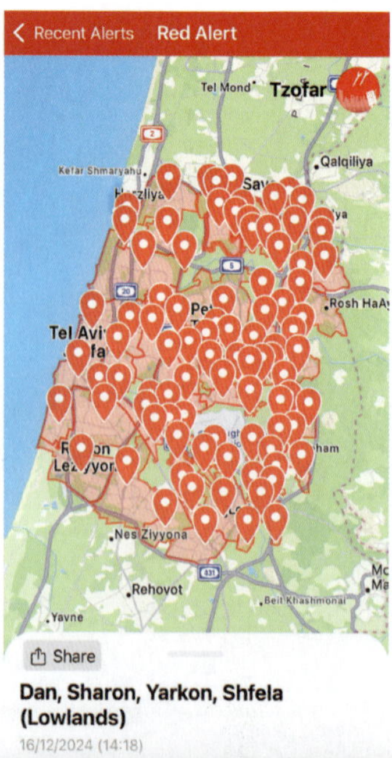

Erneut Raketenalarm im Großraum Tel Aviv, Dezember 2024

Der Unternehmer Eyal Waldman spricht über den Verlust seiner Tochter Danielle, Dezember 2023

Fotos der Ermordeten des Nova Festivals, Februar 2024

Der Autor (links) mit Prof. Dr. Mooli Lahad in seiner Wohnung, März 2024

Der Autor mit Yarden Gonen auf dem Hostage Square in Tel Aviv, April 2024

Kfar Aza, Dezember 2023

Der Autor mit Danielle Abraham, März 2024

Der Autor (links)
mit Prof. Dr. Ronni
Gamzu,
April 2024

Spuren der Zer-
störung in Be'eri
Be'eri, April 2024

Mit Delegationsteilnehmern in Kfar Aza, Dezember 2023 (Foto Ben Rosenblaum)

Ein Gemälde der entführten Schiri Bibas mit ihren Kindern Kfir und Ariel – von der Hamas ermordet. Ausstellung „Unsilenced Brushes“ in Berlin, Januar 2024

Der Autofriedhof – über 1600 am 7. Oktober zerstörte Fahrzeuge lagern hier, Dezember 2023

Eine Küche in Kfar Aza wurde zum Gedenkort, Oktober 2024

Ein Poster in Tel Aviv erinnert an die entführte Eden Yerushalmi, April 2024

Auf der Cybertech Konferenz wird an die Geiseln erinnert, April 2024

Die Führung im Tel Aviv Medical Center wurde aufgrund eines Raketenalarms ins Treppenhaus verlegt, Dezember 2023

Mit Bernice Fogel in der Amshelanu Boutique in Jerusalem, April 2024

Ein Appell an die Politik zur Rückkehr der Geiseln – im Künstlerviertel Neve Tzedek (Tel Aviv), November 2024

Banner, Fotos und gelbe Markierungen an den Bäumen erinnern überall im Land an die Geiseln, März 2024

Dr. Melody Sucharewicz bei den ELNET Awards 2024 in Berlin (Foto Anika Nowak)

Der Brunnen am Zina-Dizengoff-Platz ist zum Gedenkort geworden, April 2024

Kornkammer Israels – Lebensmittel für Millionen Menschen

Es ist ein wunderschöner Morgen in Israel. In der Nacht zuvor hat es kurz, aber heftig geregnet. Nun strahlt die wärmende Sonne über der Stadt, es duftet nach Frühling. Ich sitze mit Danielle Abraham auf einer begrünten Dachterrasse in der American Colony, einem Stadtviertel von Tel Aviv. In dieser idyllischen Umgebung beginnt unser Austausch über die israelische Landwirtschaft, in dem es viel um Hoffnung, aber auch um Leid und Zerstörung gehen wird.

Danielle stammt aus London und hat bereits für die britische Regierung gearbeitet. Entnervt von der dortigen Bürokratie beschloss die junge Frau, ein neues Leben in Israel zu beginnen. Ihr beruflicher Weg führt meine Gesprächspartnerin schließlich zum Volcani Institute, Israels nationalem landwirtschaftlichem Forschungszentrum. Als Direktorin von Volcani International Partnerships, einer ausgegründeten NGO, hilft sie heute in enger Kooperation mit dem Volcani Institute Landwirten weltweit, um Ernährungsunsicherheiten und Lebensmittelknappheit mit israelischer Innovationskraft zu begegnen.

Am 7. Oktober wäre Danielle mit ihrer Familie und Freunden eigentlich in einem Kibbuz im Süden gewesen. Sie mag die Region. Doch die angemietete Ferienwohnung wurde kurzfristig vom Gastgeber storniert. Womöglich ein Glücksfall, der ihr das Leben rettete. So wird sie um

6.30 Uhr in ihrer Wohnung in Tel Aviv von den Sirenen geweckt. „Auch Stunden später hatte noch niemand einen Überblick über das Ausmaß des Angriffs", erinnert sich Danielle. Freunde aus Sderot melden sich und senden Bilder. Kämpfer der Hamas sind in der Stadt, die Armee dagegen sei nicht zu sehen. Sie schreibt derweil ihrer Mutter und Freunden in England, dass es ihr gut geht.

Wir kommen schnell zur israelischen Landwirtschaft, mit der sich meine Gesprächspartnerin seit Jahren beschäftigt. Mit strahlenden Augen beschreibt Danielle die Innovationsstärke des Agrarsektors als goldenes Dreieck, welches den Farmer in den Mittelpunkt stellt. Unterstützt von Wissenschaftlern, Agrarökonomen aus dem Landwirtschaftsministerium sowie der Privatwirtschaft entstehen Innovationen nicht nur im Labor, sondern auch auf dem Feld. „Die Landwirtschaft war in Israel ohnehin schon immer etwas, was Bewunderung auslöst", erläutert mir die Expertin und ergänzt schwärmend: „Bauer zu werden war das ultimative Ideal des Zionismus."

„Der westliche Negev wurde so über die Jahrzehnte zur Kornkammer Israels. Die Wüste wurde buchstäblich zum Blühen gebracht", schildert mir Danielle die Entwicklung der Region. Es ist ein gerne verwendeter Ausdruck, um die zionistische Vision von der Kultivierung des unfruchtbaren Landes durch harte Arbeit und moderne Technik zu beschreiben. Schon der erste Staatspräsident David Ben-Gurion sah in der Entwicklung des Negev eine nationale Priorität. Ein bekannter Ausspruch von ihm lautet: „Wenn der Negev nicht blüht, wird Israel nicht bestehen." Meine Gesprächspartnerin skizziert mir stolz weitere beeindruckende Fakten: „Bis zum 7. Oktober wuchsen hier auf rund 40 000 Hektar etwa 70 Prozent des einheimischen Gemüses und 20 Prozent der Früchte. Dazu kamen über sechs Prozent der israelischen Milchproduktion." Israel ist heute führend in der Wüstenlandwirtschaft und exportiert spezialisierte Bewässerungssysteme sowie weitere Technologien weltweit.*

Mit diesen Details im Hinterkopf frage ich Danielle, warum die Menschen blieben, als zwar die Wüste blühte, dafür aber der dauerhafte Raketenterror aus dem Gazastreifen begann. Sie erläutert mir, dass es bis heute zionistische Gründe seien, weshalb die Menschen eine sehr starke Verbindung zum Land haben. „Es ist der Kern des Zionismus: Die Verbindung zwischen uns und dem Land selbst. Die Menschen hier sind Pioniere gewesen. Das hat nichts mit Nostalgie zu tun. Für uns ist es bis heute wichtig, das Land mit unseren Händen zu bearbeiten und Landwirtschaft zu betreiben – bis zur Grenze, bis zur letzten Furche." Das ist gelebter Zionismus und für Außenstehende vermutlich schwer zu verstehen. Doch er prägt die Menschen hier seit Generationen.

Israel verfügt trotz der geringen Größe des Landes über mehrere Klimazonen – binnen weniger Stunden kommt man von einer mediterranen Vegetation im Norden hin zu den südlichen Sand- und Steinwüsten. Ich denke zurück an verschiedene Besuche im tiefen Süden des

* Die Innovationsstärke Israels ist in den Bereichen Landwirtschaft und Lebensmittel seit Jahrzehnten stark ausgeprägt. Zu den bekanntesten Erfindungen zählen wohl die Tröpfchenbewässerung und die Kirschtomate. In den vergangenen Jahren sind aus der wissenschaftlichen Forschung heraus neue Produkte wie alternativer Zucker, kultiviertes Fleisch und alternative Milchproteine entstanden. Im landwirtschaftlichen Alltag kommen gleichzeitig immer häufiger Drohnen, Sensortechnik sowie landwirtschaftliche Verwaltungssoftware zum Einsatz, die Ernteerträge und -qualität steigern. Die so entstehenden Unternehmen sind oft weltweit tätig.

Landes. Einmal setzten wir Bäume in den kargen Sandboden, um einen neu angelegten Weg zu begrünen. Ein anderes Mal besuchten wir ein Weingut, gebaut auf Sand, unmittelbar an der Grenze zwischen Israel und Ägypten. Die beteiligten Israelis strahlten dabei immer eine besondere Motivation und eine ausgeprägte Willenskraft aus.

„Die Kibbuzim und Moshavim entlang des Gazastreifens basieren auf der Landwirtschaft. In vielen Gemeinschaften hier ist sie die einzige Einkommensquelle, in anderen stellt sie weiterhin das Haupteinkommen dar“, führt Danielle weiter aus.* Der Angriff der Hamas am 7. Oktober betrifft damit nicht nur die nationale Lebensmittelsicherheit. Die Landwirtschaft ist auch der zentrale wirtschaftliche Treiber für diesen Teil des Landes und trägt 60 Prozent seiner Wirtschaftskraft bei.

„Die Terroristen hielten auf ihrem Weg immer wieder an, zerstörten und sabotierten Gewächshäuser, Lager für Tierfutter, Bewässerungsanlagen und Düngemitteltanks auf den Feldern abseits der Siedlungen sowie weitere landwirtschaftliche Infrastruktur im gesamten westlichen Negev. 300 000 Hühner wurden am 7. Oktober allein im Kibbuz Alumim getötet, erfahre ich. Teilweise wurden sie lebendig in den Ställen verbrannt, teilweise verendeten sie in den Tagen danach, da die automatisierten Fütterungsanlagen durch die Hamas zerstört wurden. „Es ist einfach ekelhaft und stinkt noch immer“, kommentiert Danielle, bevor sie weiter ins Detail geht. Baumreihen, die als Windschutz dienten, wurden ebenso abgefackelt wie Traktoren und andere Fahrzeuge. Ich bekomme viele verstörende Fotos gezeigt. „Das alles lässt sich nicht in sechs Monaten

* Eine Erläuterung von Kibbuzim und Moshavim findet sich in Kapitel 2.

einfach wieder aufbauen und ersetzen. Das wird lange dauern", verdeutlicht die Agrar-Expertin. Besonders betroffen sind die Kibbuzim Alumim, Kfar Aza, Mefalsim und Nir Oz. Die systematische Zerstörung beschreibt Danielle Abraham Anfang 2024 im *Wall Street Journal* als landwirtschaftlichen Terrorismus.[17]

Danielle und ihr Team sind in den Wochen nach dem 7. Oktober unermüdlich in Gesprächen mit betroffenen Landwirten und Experten, um das Ausmaß der Zerstörung zu verstehen, zu dokumentieren und Bedarfsanalysen zu erstellen. Nach rund zwei Monaten kommt sie zu einer klaren Erkenntnis: „Sie kamen nicht nur, um zu vergewaltigen, zu morden und Geiseln zu nehmen. Sie kamen, um die Betriebe gezielt zu vernichten. Die Hamas verstand besser als jeder von uns, wie wichtig die Landwirtschaft für die lokalen Gemeinden, ihre Identität, die regionale Wirtschaft und unser Land insgesamt ist. Die Terroristen versuchten, die Bindung der Menschen zum Land zu zerstören, damit sie nicht mehr zurückkehren würden."

Den wirtschaftlichen Schaden schätzt Danielle ein halbes Jahr nach Kriegsbeginn auf wenigstens 24 Millionen US-Dollar an zerstörten oder gestohlenen Geräten sowie zum damaligen Stand mindestens eine halbe Milliarde Dollar Einkommensverlust. Dazu fehlen mehr als 10 000 ausländische Arbeitskräfte, die vor der Hamas geflohen und bislang vielfach nicht zurückgekehrt sind. Danielle erinnert mich daran, dass am 7. Oktober auch diese Personengruppe zu den Opfern der Hamas gehörte: „Allein im Kibbuz Alumim haben sie 22 von ihnen getötet – zwölf aus Thailand und zehn aus Nepal."

Am 11. Oktober, unmittelbar nach dem Angriff der Hamas, findet die lange geplante jährliche Versammlung der Mitglieder ihrer NGO statt. Es dreht sich alles um die Frage, wie die Zukunft der Landwirtschaft im Süden Israels mittel- und langfristig gesichert werden kann. Mit „ReGrow Israel – The Farmers' Fund" möchte die pragmatische Danielle Abraham den betroffenen Landwirten wieder auf die Beine helfen. Der Fonds wird an ihre NGO angedockt.

Im ersten Schritt soll ReGrow Israel als privat finanzierter Fonds die verlorenen Gerätschaften ersetzen und einen Beitrag dazu leisten, das zerstörte Land wiederherzurichten. „Wenn wir von rund 24 Millionen US-Dollar Schaden ausgehen, wird die Hälfte davon von der Regierung übernommen. Dazu dient ein staatlicher Entschädigungsfonds", erläutert sie mir. „Die Entschädigung richtet sich jedoch nach dem Wert der Ausrüstung an dem Tag, an dem sie zerstört oder gestohlen wurde. Wenn also jemand einen schönen Traktor hatte, der 300 000 Dollar gekostet hat, aber fünf Jahre alt war, bekommen sie aufgrund der Abschreibung lediglich 100 000 Dollar." Bei der fehlenden Differenz will ReGrow Israel helfen. Dabei wird auf eine enge Abstimmung mit der Regierung sowie beteiligten Versicherungen geachtet.

Perspektivisch soll die neue Initiative dabei unterstützen, Prozesse zu automatisieren, um dem Mangel an ausländischen Arbeitskräften zu begegnen. Ein weiterer Fokus auf verschiedene innovative Ansätze und Technologien soll die Landwirtschaft im westlichen Negev schließlich stärker machen als je zuvor.[18] Die zionistische Vision lebt auch im 21. Jahrhundert weiter.

Zum Ende unseres Gesprächs Anfang März 2024 möchte ich von Danielle Abraham wissen, wie sie die Zukunft der stark betroffenen Region an der Grenze zum

Gazastreifen sieht. Eine Rückkehr der vielen palästinensischen Arbeitskräfte aus dem Gazastreifen, die hier bislang ihr Geld verdient haben, kann sie sich kaum vorstellen. „Zu viele palästinensische Zivilisten haben sich am 7. Oktober beteiligt. Dabei sind die Kibbuzim in diesen landwirtschaftlichen Gemeinden eine Bastion der linken progressiven Friedensbewegung. Psychologisch ist das einfach schrecklich und kaum zu verarbeiten."

Aus Sicht von Danielle würde eine Rückkehr der Israelis in ihre zerstörten Dörfer einen Sieg über die Hamas bedeuten. „Es würde zeigen, dass die Bindung der Menschen an das Land nicht gebrochen wurde." Wir sprechen darüber, wann eine solche Rückkehr für die Mehrheit der Menschen vorstellbar wäre, wann es sicher genug wäre – gefühlt und tatsächlich. „Seit über 20 Jahren leben die Familien vor Ort mit der ständigen Gefahr von Raketenangriffen", betont sie. Es ist klar, dass dies so nicht weitergehen kann.

Ich erinnere mich an die vielen sichtbaren und versteckten Schutzeinrichtungen, die mir in den Städten und Dörfern am Gazastreifen bereits bei früheren Besuchen aufgefallen sind: eine buntbemalte mannshohe Betonkonstruktion in Form eines Drachens, die auf einem Kinderspielplatz als schnelle Zuflucht diente, betonierte Bushaltestellen und viele weitere Schutzeinrichtungen. Das gehörte bereits zum Alltag. Wenn der Raketenalarm ertönt, hat man hier nur wenige Sekunden, um sich in Sicherheit zu bringen. Als der Horror im Morgengrauen des 7. Oktobers kam, wurde jedoch ein völlig neues Level der Bedrohung und Gewalt erreicht.

Seit dem Angriff der Hamas gibt es viele bewegende Geschichten über Menschen aus der Region. Meine

Gesprächspartnerin berichtet mir von einigen Landwirten. Aus ihrer Sicht sind sie Helden. Dazu gehört auch Moti Barak, landwirtschaftlicher Leiter des Kibbuz Be'eri. Bereits zwei Tage nach dem 7. Oktober kehrt er in sein evakuiertes Dorf zurück und versorgte wochenlang die Kühe – zwischen israelischen Soldaten und Raketenbeschuss aus dem Gazastreifen. Er beschreibt in einem Interview, wie er irgendwann keine Kraft mehr hatte, und sie doch wiederfand. Dabei sagt er: „Wir kehren zurück, und wir werden die Hoffnung nicht verlieren."[19] Der optimistische Glaube an den Sieg über den Terror der Hamas, wie ihn Danielle Abraham ausdrückt, würde so gelebte Realität werden.

Emergency Room – Krankenhäuser in Kriegszeiten

Es ist der 5. April 2024. Am frühen Morgen treffe ich Prof. Dr. Ronni Gamzu in seinem Büro. Er ist seinerzeit CEO des Tel Aviv Sourasky Medical Center. Sein Krankenhaus gehört mit über 1500 Betten zu den führenden und innovativsten Gesundheitseinrichtungen des Landes. 1,8 Millionen Patientenbesuche werden in der größten Akutversorgungseinrichtung Israels pro Jahr gezählt. Ein kleiner Olivenbaum steht auf seinem Schreibtisch. Er ist noch in Glasfolie eingepackt. Offenbar ein kürzlich erhaltenes Geschenk. Dahinter blicke ich auf eine beeindruckend große Bücherwand.

Ronni und ich kennen uns bereits einige Jahre. Er ist Kuratoriumsmitglied des German Israeli Health Forum for Artificial Intelligence (GIHF-AI), einer Initiative von ELNET. 2023 konnten wir in diesem Rahmen gemeinsam eine Partnerschaft mit dem Universitätsklinikum Hamburg-Eppendorf (UKE) schließen. Hamburgs Erster Bürgermeister Dr. Peter Tschentscher, damals Präsident des Bundesrats, nahm Ende Mai persönlich an der feierlichen Unterzeichnung in Tel Aviv teil. Die Universitätskliniken in Kiel und Essen folgten kurz darauf mit weiteren Kooperationsvereinbarungen. Alles wenige Monate vor dem Angriff der Hamas. Entsprechend groß ist auch die Unterstützung aus dem deutschen Gesundheitswesen.

Die Vorsitzenden verschiedener Krankenkassen, Vereinigungen und Krankenhäuser verurteilen in einem gemeinsamen Schreiben Anfang November 2023 die Taten der Hamas und sprechen insbesondere dem medizinischen Personal in Israel ihre Solidarität aus.[20] Solche Initiativen werden von Israelis auch noch Monate später als Hoffnungsschimmer und Leuchtturm bezeichnet.

Der 7. Oktober beginnt für Dr. Ronni Gamzu ebenfalls mit seiner morgendlichen Laufrunde, als die ersten Sirenen ertönen. Er ist daran gewöhnt, ignoriert sie zunächst. Auf seinen Kopfhörern läuft Radio. Nach zwei weiteren Kilometern hört er ein Interview mit einer Kibbuz-Bewohnerin aus dem Süden Israels, die von Raketenalarm und Schüssen berichtet. Er beschließt, den Lauf zu beenden, und kehrt nach Hause zurück. Dort schaltet er die Nachrichten an und versteht schnell, dass etwas wirklich Schlimmes passiert. Eine Stunde später hat er das erste Meeting mit seinen Führungskräften auf Zoom.

Ab dem frühen Vormittag ist er im Krankenhaus. Die Vorbereitungen auf den Notfall beginnen und involvieren bereits mehr als 100 Mitarbeiter. Weitere 200 werden binnen kürzester Zeit benötigt. Die Notfalloperationssäle werden vorbereitet. Erste Verletzte treffen ein, wenngleich weniger als erwartet. Die Entwicklung entlang des Gazastreifens ist noch sehr unübersichtlich, alles verläuft chaotisch. Ronni berichtet, wie sehr er sich zu diesem Zeitpunkt ärgert. „Wir hätten noch freie Kapazitäten gehabt und diese nutzen können, während beispielsweise das Soroka Medical Center im Süden des Landes bereits überlastet war." Er ruft im Gesundheitsministerium an, um sicherzustellen, dass mehr Patienten in sein Klinikum gebracht werden. Gleichzeitig wird ihm klar, dass sich die

Dimension der Ereignisse ausweitet, es auf einen Krieg hinausläuft.

Eine Vielzahl von Entscheidungen ist nun zu treffen. Der normale Betrieb des Krankenhauses muss gewährleistet bleiben, so die Prämisse des Klinikchefs. Gleichzeitig müssen Kapazitäten für weitere Notfälle geschaffen werden. Schließlich stellen sich auch Sicherheitsfragen für Patienten und Personal. In den ersten Tagen nach dem 7. Oktober kommt erschwerend hinzu, dass über 300 Mitarbeiter von der Armee eingezogen werden, 200 weitere stecken unter fortwährendem Raketenbeschuss im Süden Israels fest.

Es gibt vorerst keine genauen Empfehlungen des Gesundheitsministeriums. „Zu einem gewissen Grad ist dies verständlich. Die Situation war beispiellos. Und sie kam wirklich sehr plötzlich. Zudem hatten wir keine Übungen und Pläne für diesen Ernstfall. Also musste ich viele Entscheidungen auf Grundlage meiner eigenen Erfahrungen und einfacher Logik treffen“, berichtet mir Ronni. Auch ohne klare Vorgaben von oben ist es ihm wichtig, seinem Team und den Mitarbeitern des Krankenhauses das Gefühl von Ordnung zu geben, Chaos zu vermeiden. Dabei gilt es auch, auf die persönlichen Sorgen und Ängste der Mitarbeiter in der insgesamt dramatischen Situation Rücksicht zu nehmen, Vertrauen und Selbstbewusstsein zu geben, während gleichzeitig viele notwendige Veränderungen in den Abläufen des Tel Aviv Sourasky Medical Centers vorgenommen werden.

„Zunächst geht es darum, Schichten in der Notaufnahme einzuteilen, Traumazentren, Operationssäle und Intensivstationen vorzubereiten. Die eigentlichen Herausforderungen bestehen jedoch darin, die Reha und die psychische Betreuung zu organisieren. Diese Art von Leistungen wird eben nicht täglich auf Notfallniveau angeboten", schildert mir mein Gesprächspartner die ersten Tage. „Wir sind auf Terroranschläge eingestellt. Wir sind darauf ausgelegt, erste Hilfe zu leisten." Er bereitet seine Mitarbeiter auf die neue Lage vor. Das erklärte Ziel lautet, durch herausragende Leistungen auch die Resilienz des Landes zu stärken – unabhängig davon, wie sich die Situation ab diesem Tag entwickelt sollte.

Die Rehabilitation verwundeter Zivilisten und Soldaten nimmt in den kommenden Wochen immer mehr Kapazitäten in Anspruch, erinnert sich Ronni Gamzu. Dabei geht es zunehmend auch um die psychosoziale Versorgung. Wir sprechen über das von Professor Lahad am Anfang dieses Buches skizzierte „Inescapable Trauma" der israelischen Gesellschaft. Ein Gebäude neben dem Krankenhausgelände wird angemietet. Über 1000 Quadratmeter Fläche. Hier entsteht kurzfristig ein Zentrum für die Behandlung von Traumata, auch für posttraumatische Belastungsstörungen (PTBS). Mehr als 100 Überlebende des Nova Festivals werden hier versorgt.

In Friedenszeiten werden in seinem Krankenhaus höchsten drei Soldaten gleichzeitig betreut, berichtet mein Gesprächspartner. Jetzt sind es bis zu 60. Die Zusammenarbeit mit der IDF ist eng. Es wird darauf geachtet, die Bürokratie für die Betroffenen so gering wie möglich zu halten. Soldaten müssen eine psychologische und psychiatrische Behandlung nicht erst aufwendig bei der Armee beantragen, sondern können direkt ins Krankenhaus kommen und erhalten sofort Unterstützung.

Wir sprechen darüber, wie Ronni Gamzu als CEO mit der aktuellen Verantwortung und dem Wettbewerb zwischen den Krankenhäusern in Israel umgeht. „Warum ich mich so anstrenge, Spenden zu sammeln, Räume zu mieten, zu expandieren und alle möglichen Risiken für mein Krankenhaus einzugehen? Wir arbeiten mit den anderen Krankenhäusern zusammen, aber wir konkurrieren auch. Dieser Wettbewerb ist nicht schädlich. Er bringt uns vielmehr an unsere Grenzen. Man braucht keine Gesundheitseinrichtungen, denen gleichgültig ist, was die anderen tun. Wir sind nicht gleichgültig. Wir sind besessen. Im positiven Sinne. Und ich werde dafür sorgen, dass wir die besten Dienstleistungen anbieten, einschließlich aller Arten von Annehmlichkeiten: Nachmittagsaktivitäten, Freizeitgestaltung, Auftritten von Künstlern. Es gibt eine gute Dynamik und eine großartige Atmosphäre hier." Dieser Wettbewerb zwischen den führenden Krankenhäusern fehle ihm in Deutschland, ergänzt Ronni Gamzu.

Professor Gamzu geht abschließend nochmals darauf ein, warum er daran festhält, die regulären Untersuchungen und Operationen selbst in Kriegszeiten durchzuführen. Manches hätte vielleicht verschoben werden können, was sich ohne Frage positiv auf die Arbeitsbelastung der Mitarbeiter ausgewirkt hätte, Ronni sieht sich dennoch durch das interne Feedback bestätigt: „Wir haben die Widerstandsfähigkeit gestärkt. Es zeigt der israelischen Bevölkerung, dass wir unser tägliches Leben fortsetzen. Es geht darum, Menschen Vertrauen und Hoffnung zu geben, dass ihr reguläres Leben weitergeht."

Die Umstellung auf die Kriegssituation ging seinerzeit tatsächlich sehr zügig voran. Bei einem Besuch des Krankenhauses bekomme ich bereits Anfang Dezember 2023 präsentiert, was dies im Detail bedeutet. Auch die Tiefgarage wurde kurzerhand umfunktioniert. Auf mehreren

Etagen unter der Erde, abgesichert gegen mögliche größere Raketenangriffe, stehen nun in klinisch sauberer Umgebung Betten und medizinische Geräte. Rückblickend auf den Rundgang vor vier Monaten berichte ich Dr. Ronni Gamzu auch von einem Raketenalarm, der uns seinerzeit überraschte. Der stattfindende Vortrag des Direktors für internationale Beziehungen, Ze'ev Lavie, wurde spontan von der Lobby ins Treppenhaus verlagert, welches wie in vielen Gebäuden in Israel besonders stabil gebaut ist und im Notfall auch als Schutzraum dient. Dort angekommen ging es einfach weiter, fast so, als sei gar nichts geschehen.

Die Gesundheitsstadt

In den vergangenen Jahren habe ich verschiedene Krankenhäuser in Israel besucht, vor allem mit dem Ziel, mehr über die Innovationskraft, über digitale Lösungen und den Einsatz von künstlicher Intelligenz zu erfahren. Dazu gehört auch das Sheba Medical Center in Ramat Gan, laut dem *Magazin Newsweek* eines der zehn führenden Krankenhäuser weltweit.

Im April 2024 besuche ich erneut die größte Gesundheitseinrichtung Israels – dieses Mal mit einer Delegation deutscher Landespolitiker. Es wirkt, als wären wir in einer eigenen kleinen Stadt gelandet, einer „City of Health". Während der Krieg im Gazastreifen seit mehreren Monaten läuft, möchten wir mehr über die Auswirkungen auf das Gesundheitswesen erfahren.

Während unseres Rundgangs bekommen wir zunächst Einblicke in das Innovationszentrum ARC (Accelerate, Redesign, Collaboration), das seit 2019 medizinisches Personal, Wissenschaftler, Startups und Führungskräfte aus der Industrie vernetzt, um einen Mehrwert für die

Versorgung von Patienten zu schaffen. Hier arbeitende Startups haben direkten Zugang auf Daten sowie medizinische Teams des Klinikums und bekommen zudem die Möglichkeit, ihre entwickelten Produkte in Pilotversuchen in der Praxis zu testen. Gemeinsam mit einer internationalen Beratungsfirma sollen in den nächsten Jahren mehrere ARC-Standorte weltweit entstehen. Seit Beginn des Krieges liegt der Fokus auf Lösungen für akute Probleme.

Im Anschluss lernen wir Patienten kennen, die nach dem Angriff der Hamas am 7. Oktober medizinische Betreuung benötigen. Darunter sind Zivilisten und Soldaten. Es ist ein Wechselbad der Gefühle. Junge Menschen in Rollstühlen, die offensichtlich mehrere Operationen hinter sich haben, teilweise Prothesen tragen müssen. Ein paar Meter weiter, am Ende eines schmalen Ganges, lädt eine sonnengeflutete Terrasse zum Verweilen ein. Jemand spielt Gitarre, die Menschen singen und wirken trotz der Situation fröhlich.

Wir kommen mit einigen Patienten ins Gespräch. Sie sind dankbar, dass sie es geschafft haben. Dankbar für die gute Versorgung. Sie teilen ihre Sorgen mit uns, wie es weitergeht mit dem Krieg, mit den verbliebenen Geiseln und mit der allgemeinen Sicherheit des Landes. Sie sind auch dankbar für unseren Besuch und die damit ausgedrückte Solidarität. „Guten Tag! Es ist nicht selbstverständlich, jetzt nach Israel zu kommen“, ruft uns ein älterer Herr mit breitem Lächeln halb auf Deutsch, halb auf Englisch zu.

Am Rande des Besuchs spreche ich mit Steve Walz, Head of International Media & Public Affairs des Krankenhauses. Er informiert mich, dass im ersten halben Jahr nach dem 7. Oktober fast 1500 Menschen hier behandelt wurden. Etwa 70 Prozent aller verwundeten Soldatinnen und Soldaten werden im Sheba Medical Center versorgt. Dazu zählen auch viele Schwerverletzte. Die Überlebensrate liegt bei 98 Prozent, berichtet mir Steve stolz. Auch 30 Geiseln wurden hier nach der Freilassung durch die Hamas im November 2023 erstversorgt.

Die verwundeten Zivilisten kamen in der Regel direkt aus den Dörfern entlang des Gazastreifens. Darunter ist auch Dr. Ellay Golan aus dem Kibbuz Kfar Aza, mit der mich Steve im Anschluss an unseren Besuch in Verbindung bringt. Sie wurde wie viele andere Verwundete im National Burn Center behandelt, welches bereits 1973 gegründet wurde und am Sheba Medical Center angesiedelt ist. Ihr Schicksal, auf welches das zweite Kapitel näher eingeht, ist auch eine Geschichte der Hoffnung.

Versehrte Veteranen – Die nächste Generation ist im Krieg

Wir schreiben den 10. April 2024. Seit einer Woche bin ich in Israel, habe Orte des Schreckens gesehen und Menschen voller Hoffnung und Zuversicht getroffen. Durch die vielen Gespräche wird mir jedoch auch immer klarer, wie sehr der Krieg Israel verändert. Heute führt mich mein Weg erneut ins Tel Aviv Sourasky Medical Center. Diesmal geht es nicht in ein Büro der Leitungsebene, sondern in ein Gebäude, das für Rehabilitationsmaßnahmen genutzt wird. Im Laufe des Vormittags werde ich mit zwei verwundeten Soldaten der israelischen Armee (IDF) sprechen können.

Noch bevor die Gespräche beginnen, begegne ich unerwartet Ron Huldai. Der ehemalige Kampfpilot der israelischen Armee ist seit 1998 ununterbrochen Bürgermeister von Tel Aviv – und mit seinen 80 Lebensjahren eine feste Konstante in einer sich immer schneller wandelnden Welt. Regelmäßig besucht er in den vergangenen Monaten junge Soldaten, die hier behandelt werden, um ihnen Mut zu machen. Wir sprechen kurz miteinander. Seine Eltern sind noch vor der Staatsgründung Israels aus Polen eingewandert. Er bedankt sich herzlich für die große Solidarität aus Deutschland und weiten Teilen Europas, die von den Menschen in Israel seit dem 7. Oktober sehr wohl wahrgenommen wird. Doch seine Zeit ist knapp – weitere versehrte Veteranen warten bereits auf ihn.

Kurz darauf sitze ich mit Michael in der Cafeteria des Gebäudes. Um uns herum sind viele Soldaten, von denen einige sichtbar schwer verwundet sind. Viele haben Besuch von Familie oder Freunden. Die Wärme und Herzlichkeit in der Luft lassen die sterile Umgebung des Krankenhauses beinahe in den Hintergrund treten. Mein Gesprächspartner ist 38 Jahre alt und arbeitet als Softwareentwickler. Er ist verheiratet und Vater eines Sohnes, dessen fünften Geburtstag er verpasst hat, weil er als Reservist eingezogen wurde und im Einsatz für die IDF im Gazastreifen diente.

Die kleine Familie lebt in einem Moshav, in direkter Nachbarschaft zu einem arabischen Dorf. Michael erzählt mir, dass in Israel Männer unter 40 Jahren für einen Monat im Jahr zum Reservedienst einberufen werden. Tatsächlich werden jedoch viele in Friedenszeiten nicht eingezogen – die meisten entscheiden sich jedoch freiwillig dafür, weiterhin zu dienen. Auch Michael hat sich in den vergangenen Jahren immer wieder gemeldet, um im Training zu bleiben und seinen Beitrag zu leisten.

Am 7. Oktober wird der Reservist von seiner Frau geweckt. Sie ruft ihm zu, es sei Krieg. Beide können es nicht glauben. Er erinnert sich, dass es gegen 8 Uhr einen extrem lauten Knall gibt, während die Familie gerade frühstückt. Vermutlich ein Abfanggeschoss, welches eine feindliche Rakete ausgeschaltet hat. Die beiden Eltern realisieren, dass tatsächlich ein Krieg aufziehen könnte, während sie die Nachrichten verfolgen. Zu diesem Zeitpunkt sorgen sich die beiden jedoch weniger um den Raketenalarm, der viel zu oft zum Alltag gehört, als vielmehr um ihre arabischen Nachbarn. Wie werden sie reagieren, wenn sie die Bilder des Horrors sehen? Die Eltern sichern Türen und

Fenster und bewaffnen sich vorsorglich mit Messern. Es bleibt jedoch ruhig. Am Vormittag bekommt Michael dann eine Mitteilung der IDF in der dafür bestehenden WhatsApp-Gruppe. Er soll sich in seinem Militärstützpunkt melden, schildert mir der Reservist seine Erinnerung. Die Reserveeinheit des Familienvaters ist an die Golani Brigade im Norden angegliedert, die als Israels Elite-Bodentruppe gilt.[21]

Es sind emotionale Momente. Seine Frau bittet ihn, nicht zu gehen. Der Sohn weint. Michael fühlt sich verloren. Dennoch macht er sich auf den Weg, sicherlich mit mehr als nur einem mulmigen Gefühl im Bauch. Als er auf der Basis eintrifft, besinnt er sich langsam, dass seine Tätigkeit einen Sinn hat. und fühlt sich besser. Vor Ort trifft er zunächst auf ebenso verunsicherte sowie wütende Kameraden. Nachdem die angestrebte Justizreform der israelischen Regierung zuvor über Monate das Land polarisierte und gespalten hat, zieht sich diese Kluft zunächst auch durch die Armee. Doch die politischen Debatten treten jetzt in den Hintergrund.

Bereits am nächsten Tag wird er mit 600 weiteren Soldaten in den Süden verlegt. Dort beziehen sie für die nächsten drei Wochen in einem Moshav Quartier. Die Einwohner kochen für die Truppe und waschen ihre Wäsche, erinnert sich Michael mit einem Lächeln. Ähnliche Geschichten höre ich oft, nicht nur von Soldaten. Die Solidarität und Hilfsbereitschaft innerhalb der israelischen Gesellschaft sind enorm.

An ihrem neuen Standort trainieren sie und bereiten die gepanzerten Fahrzeuge für den Einsatz im Gazastreifen vor. „Jeder hatte das Gefühl, es würde so sein, als wenn man in ein Hornissennest ginge." Michael war vorher noch nie im Kriegseinsatz, erfahre ich von ihm. Über mehrere Tage heißt es morgens stets: „Wir gehen jetzt rein." Die Soldaten müssen ihre Smartphones abgeben – und dann passiert doch nichts. Entsprechend erhalten sie ihre Geräte jeweils später wieder zurück.

Schließlich ist es so weit. Mit acht Leuten geht es in den Gazastreifen, zwölf Stunden sind sie unterwegs. Sie sollen eine Versorgungsroute aufbauen und einen Brückenkopf bilden. Damit ist die Errichtung einer gesicherten Stellung im Feindesgebiet gemeint, von der aus später eine größere Operation gestartet werden kann. Die Mission ist hoch riskant. Ihre Ausrüstung ist zudem unzureichend, erfahre ich. So fehlt es beispielsweise an Nachtsichtgeräten. Über mehrere Wochen kommt es gelegentlich zu Zusammenstößen mit der Hamas, einige Kameraden werden verwundet. Dann darf Michael raus, Heimaturlaub von der Front. Er fliegt zu seiner Frau und dem gemeinsamen Sohn nach Ungarn, wo sich die beiden eine Woche nach dem 7. Oktober in Sicherheit gebracht haben. Für den Sohn hat er eine kleine israelische Flagge im Gepäck, erzählt er mir. Dort überzeugt er seine Frau, zurück nach Israel zu kommen.

Zwischendurch kommt ein anderer Soldat in unsere Richtung. Michael begrüßt ihn freundlich und erklärt mir, dass er ein echter Held sei. Er geht nicht weiter darauf ein, was ihn dazu macht. Im Verlauf unseres Gesprächs ergänzt er, dass die wahren Helden eigentlich die Eltern und die Ehefrauen der Soldaten wären: „Nicht zu wissen, was (mit den Soldaten im Einsatz, Anm. d. Verf.) passiert, ist das Schlimmste. Währenddessen muss man sein normales Leben weiterleben."

Nach fünf Tagen im friedlichen Ungarn geht es für Michael zurück zu seinem Militärstützpunkt und nach einigen Wochen soll er erneut in den aktiven Kampfeinsatz im Gazastreifen. Seine Frau ist in allergrößter Sorge und prophezeit ihm mit dramatischen Worten, er würde dort getötet werden. „Entspann dich, es ist nicht gefährlich“, entgegnet er. Beruhigen kann Michael sie damit verständlicherweise nicht. Doch weder ihr Apell noch ihre Anrufe bei verschiedenen Stellen innerhalb der IDF können etwas ändern, schildert mir Michael die Lage. Ähnliche Szenen ereignen sich seit Kriegsbeginn in vielen Familien. Nach dem Holocaust hat sich ein Gedanke fest in der israelischen Gesellschaft verankert: Man will nie wieder wehrlos sein. Entsprechend sind die allermeisten Israelis jederzeit bereit, ihr eigenes Land zu verteidigen. Diese Bereitschaft mindert dennoch nicht die geschilderten Sorgen.

Sein nächster Auftrag ist es, eine Straße mit einem „Puma“ zu sichern. Der schwere Schützenpanzer kann bis zu acht Leute aufnehmen. Mein Gesprächspartner erinnert sich: „Wir wussten, es war eine riskante Mission, aber wir haben es dennoch getan.“ Sie werden angegriffen. Es gibt einen ohrenbetäubenden Knall. Ein Kamerad ist direkt tot, mehrere werden verwundet. Auch Michael ist schwer getroffen – vom unteren Rücken bis zu den Füßen, etwas an der Schulter, Rippen sind gebrochen, dazu hat er Granatsplitter im Körper.

Glücklicherweise werden sie schnell evakuiert. Es dauert nur 45 Minuten, bis er im Krankenhaus ankommt. Unterwegs ruft Michael seine Frau an: „Schatz, du hattest recht. Sei mir bitte nicht böse.“ Die Verletzungen sind sehr ernst, Haut muss transplantiert werden, es bleiben große Narben. Auch wenn er aus seiner Sicht zu 95 Prozent genesen wird, sein Hintern wird weiter fehlen.

Nach den Operationen absolviert er Reha-Maßnahmen und erhält zudem psychologische Unterstützung, die ebenso für seine Frau und den gemeinsamen Sohn angeboten wird. Trotz der Situation ist eine Sache für Michael klar: „Ich möchte zurück zur Armee, nicht jetzt, aber im nächsten Jahr. Ich möchte meinen Beitrag leisten und jüngere Leute motivieren."

Zum Abschluss möchte ich wissen, an was er sich aus seiner Zeit im Gazastreifen besonders erinnert. Er schildert mir, wie sie einmal ein völlig zerstörtes Haus betreten haben. Die Wände waren kaum noch vorhanden. So konnten sie ins Kinderzimmer gucken. Direkt daneben war ein Raum voller Waffen. An einem anderen Tag wurden sie aus einer Schule heraus beschossen. Das Gebäude war wie ein Bunker verstärkt, unmöglich, es zu zerstören. Dazu finden sie immer wieder Karten von Israel, in arabischer Sprache. Michael ist klar: „Sie wollen wirklich das ganze Land."

Einmal mehr muss ich daran denken, was wir in vielen offiziellen Gesprächen mit Vertretern der IDF in den vergangenen Monaten gehört haben: Der Krieg könnte heute beendet sein, wenn die Hamas ihre Waffen niederlegen und alle verbliebenen Geiseln freilassen würde. Wie es nach dem Krieg zwischen Israelis und Palästinensern weitergehen soll, möchte ich noch von meinem beinahe gleichaltrigen Gesprächspartner wissen. „Es muss eine Koexistenz geben. Das wird nur eine Weile brauchen." Er wirkt überzeugend und man möchte hoffen, dass er recht behält.

Jetzt müssen wir kämpfen

Während ich in der Cafeteria der Reha-Einrichtung auf das nächste Gespräch warte, beobachte ich wieder einmal die Menschen um mich herum. Wie in der Vorwoche bei meinem Besuch im Sheba Medical Center singen ein paar Meter weiter Soldaten in einer kleinen Gruppe, einer spielt dazu Gitarre. Die Stimmung wirkt gelöst, fast könnte man vergessen, wo man ist, und vor allem warum.

Kurz darauf erscheint Noam. Er ist 23 und leistet derzeit seinen verpflichtenden Militärdienst ab. Sein Zwillingsbruder ist ebenfalls in der Armee. Noam ist wie mein vorheriger Gesprächspartner Michael ebenfalls bei der Golani Brigade, wenn auch nicht als Reservist.

Am 7. Oktober ist er morgens in der Synagoge, als er eine erste Rakete hört. Zunächst denkt Noam, sie könne aus dem Libanon sein. Er macht sich auf den Weg nach Hause, steckt dort sein Telefon ein, nimmt seine Waffe und geht zurück zur Gemeinde. Wenig später telefoniert er mit seinem Vater und berichtet ihm, dass er in den Einsatz muss. Bereits am späteren Vormittag macht er sich von Jerusalem auf den Weg und nimmt noch Kameraden mit. Sein Militärstützpunkt ist im Süden des Landes, in der Negevwüste. Im Radio hören sie, wie Premierminister Netanjahu von Krieg spricht. Am nächsten Tag wird das Sicherheitskabinett formell den Kriegszustand ausrufen. Auf ihrem Weg sehen sie mehr Raketen am Himmel.

Kaum am Stützpunkt angekommen, erhalten sie weitere Ausrüstung. Ihr Befehl lautet, sich unmittelbar nach Be'eri zu begeben und dabei zu unterstützen, das Kibbuz von der Hamas zu befreien. Noam geht bei seiner Schilderung nicht darauf ein, was sie während der Fahrt dorthin gesehen haben müssen. Die Terroristen wüten schon seit dem Morgengrauen in der Gegend. In sein Gedächtnis eingebrannt hat sich, was sie bei ihrer Ankunft gegen 13 Uhr erwartet: „Am gelben Einfahrtstor stand ein weißes Auto. Darin saßen verbrannte Menschen – ermordet und verbrannt", erinnert sich Noam. Bei den ermordeten Insassen handelt es sich nach Angaben verschiedener Medien um Teilnehmer des Nova Festivals. Junge Menschen, die von dort vor der Hamas geflohen waren, um in Be'eri Schutz zu finden.

Noam und seine Einheit bahnen sich ihren Weg durch die Siedlung. Hier lebten etwas mehr als 1000 Bewohner, unweit der Grenze zu Gaza. Als die Soldaten die Straße erreichen, in der sonst die jungen Bewohner ihre ersten eigenen Wohnungen beziehen können, kommt es zum Kampf mit der Hamas. Sie schaffen es, einige der Bewohner zu befreien, berichtet mir der junge Soldat. Diese können zunächst nicht glauben, dass die IDF sie endlich rettet. Insgesamt dauert es mehrere Tage, bis sowohl das Kibbuz als auch das nähere Umland vollständig von der IDF gesichert sind. Kurz vor dem Gespräch mit Noam war ich in Be'eri, sechs Monate nach dem Angriff der Terroristen. Nach offiziellen Angaben wurden dort über 100 Gebäude zerstört oder stark beschädigt. Die Terroristen zogen folternd und mordend von Haus zu Haus. Über 30 Anwohner wurden in den Gazastreifen verschleppt. Einige Bewohner wurden lebendig in ihren Häusern verbrannt. Die Feuer waren so heiß, dass kaum etwas übrigblieb – nicht von der Einrichtung und auch nicht von den Menschen. Man konnte sie nur noch anhand von Zähnen oder Zahnprothesen identifizieren. Bis heute bekomme ich die Bilder nicht aus meinem Kopf.

Noam bleibt nicht in Be'eri. Bereits am 8. Oktober ist er am nördlichen Ende des Gazastreifens im Einsatz und bekämpft dort die Hamas an einem Strandabschnitt. Sie finden tote Israelis. Während des Einsatzes erfährt er, dass ein Freund bei Kämpfen getötet wurde. Wenig später erhält er einen weiteren Anruf – erneut sind Freunde gefallen. Noam ist keine emotionslose Maschine. Im Gegenteil, man merkt an seinem ganzen Verhalten, dass er ein junger, empathischer Mann mit Gefühlen und Sorgen ist. Die Anrufe müssen ihn emotional getroffen und vermutlich auch verängstigt haben. Schließlich ist er zu diesem Zeitpunkt selbst in Kampfhandlungen mit den Terroristen verstrickt. Er lässt sich dies in unserem Gespräch dennoch nicht anmerken.

So vergehen einige Tage. Sie sichern die Gegend und warten auf neue Anweisungen. Am 1. November bekommt Noam den Befehl, sich mit seiner Einheit von Be'eri aus in Richtung Gaza-Stadt in Bewegung zu setzen. Sie erreichen ein Krankenhaus. Direkt daneben finden sie einen Stützpunkt der Hamas mit Tunneln, die beide verbinden. Im Krankenhaus kommt es zu keinem Kontakt mit dem Feind, allerdings in den Tunneln darunter, beschreibt mir der Soldat seine Erinnerungen. Am 17. November sollen sie ein Gebäude erobern und werden dabei in ein größeres Gefecht verwickelt. 15 Soldaten kämpfen gegen 40 Terroristen. Was dann genau passierte, weiß er nur aus Schilderungen von Kameraden. Etwas explodiert neben ihm. Er wird getroffen und hat Splitter in Kopf, Hals und Lunge sowie in den Beinen. Er wird sofort evakuiert und trifft rund 50 Minuten später im Tel Aviv Sourasky Medical Center ein.

Dort wacht Noam nach rund einer Woche aus einem künstlichen Koma auf. Er glaubt, noch in Gaza zu sein, sieht seinen Vater und ist verwirrt. Die danebenstehende Krankenschwester fragt er nach ihrem Ausweis, da es in seiner Einheit keine Frauen gibt. Er glaubt ihr nicht, als sie ihm mitteilt, dass er schwer verwundet ins Krankenhaus eingeliefert worden sei. Nach ein paar Wochen und einigen Operationen kann er die Intensivstation verlassen und wird auf die Rehastation verlegt. Durch seine Verletzungen ist sein Sehvermögen eingeschränkt, er denkt langsamer. Der versehrte Veteran weiß, dass er sich trotz seiner jungen 23 Jahre nicht wieder vollständig erholen wird. Seine Mutter kommt während unseres Gesprächs dazu. Für sie ist ihr Sohn ein lebendes Wunder.

Er bleibt hart, auch zu sich selbst: „Als Kampfsoldat trainierst du sehr viel und normalerweise passiert nichts. Jetzt müssen wir kämpfen." Er würde jederzeit wieder in den aktiven Kampfeinsatz gehen, was aufgrund seiner Augenverletzung jedoch ausgeschlossen ist. Nach seinem Dienst in der Armee möchte Noam studieren, am liebsten Biomedizintechnik, erzählt er mir.

Im Nachgang denke ich über die beiden Gespräche mit Michael und Noam noch einmal in Ruhe nach. Ich finde es bemerkenswert, dass die beiden trotz schwerer Verletzungen wieder für ihr Land kämpfen würden, um es zu verteidigen. Ihnen geht es weder um die Politik noch um militärische Eroberungen. Sie wollen schlicht ihren Beitrag dazu leisten, die Existenz Israels zu sichern, welches immer und immer wieder angegriffen wird.

Flüchtlinge im eigenen Land – Eine Gesellschaft packt an

Es ist der 14. August. Die Woche über bin ich in Berlin. Weit entfernt von den Ereignissen und den betroffenen Menschen in Israel und der Region. Eigentlich sollten die Interviews schon abgeschlossen sein. Doch die Bereitschaft von Bernice Fogel, sich noch einmal mit mir per Videokonferenz über ihr Engagement auszutauschen, eröffnet die Möglichkeit, diesem Buch eine weitere Perspektive hinzuzufügen. Es geht darum, wie sich eine Gesellschaft untereinander hilft, wie sie anpackt, um die Menschen zu unterstützen, die seit dem 7. Oktober Flüchtlinge im eigenen Land sind. Es geht um die Amshelanu Boutique in Jerusalem. Erinnerungen werden wach an meinen Besuch vor Ort.

Ein kurzer Rückblick. Nach sehr emotionalen Gesprächen mit drei Zeitzeugen in Tel Aviv geht es Anfang April mit dem Auto in die israelische Hauptstadt. Der Verkehr ist gewohnt zäh. Es dauert knapp eine halbe Stunde, um quer durch Tel Aviv auf die Autobahn zu kommen, eine weitere halbe Stunde von Stadtrand zu Stadtrand und nochmals ähnlich lang, um schließlich von der Autobahn durch den Jerusalemer Stadtverkehr das malerische Viertel Talbiya unweit der Altstadt zu erreichen. Das Viertel ist geprägt von sandsteinfarbenen Bauten, stilbildend für Jerusalem, grünen Alleen und üppig bepflanzten Gärten. Die moderne Stadtbahn windet sich geschmeidig durch die Straßen.

Zum Abendessen bin ich mit Bernice Fogel und ihrem Mann Arthur verabredet. Ein gemeinsamer Freund hatte den Kontakt bereits vor einer Weile hergestellt. Wir treffen uns zunächst bei ihnen zuhause. Ein schönes Haus, eine städtische Grünfläche mit hohen Bäumen vor der Tür. Beide blicken zurück auf ein erfolgreiches Berufsleben. Sie sind stolz auf ihre drei Kinder und dankbar für alles, was sie gemeinsam erreicht haben. Bevor es in das nahegelegene Restaurant geht, möchte mir Bernice gerne noch etwas zeigen. Sie engagiert sich seit einigen Monaten bei einem sehr besonderen Projekt, wie sie es nennt. Mehr möchte sie nicht sagen. Ich soll es mit eigenen Augen sehen. Wir gehen gemeinsam einige hundert Meter weit. Unterwegs werden Nachbarn freundlich auf der Straße gegrüßt, hier und da ein paar Worte gewechselt. Schließlich erreichen wir ein unscheinbares Ladengeschäft, welches verschlossen vor uns liegt.

Bernice öffnet die Türen und schaltet das Licht an. Ich bin überrascht. Auf mehreren Tischen, in Regalen und an Stangen liegen, stehen und hängen allerlei Kleidungsstücke: Schuhe, Hosen, Kleider, Hemden, Blusen und Unterwäsche. In einem weiteren Raum gibt es Hygieneartikel, in einem anderen Raum Kinderspielzeug. „Für wen ist das alles hier?“, frage ich meine Gesprächspartnerin. Sie holt aus und beginnt zu erzählen. Es geht um die evakuierten Israelis, die nach dem 7. Oktober ihre Heimat am Gazastreifen sowie im Norden des Landes verlassen mussten. Zumeist aus Sicherheitsgründen staatlich angeordnet, teilweise aus freiwilligem Selbstschutz, Sicherheit suchend vor den Raketen von Hamas und Hisbollah, von denen Israel seit dem 7. Oktober fast täglich angegriffen wurde.

Viele dieser Menschen haben ihre Häuser, ihre Dörfer, ihre sozialen Gemeinschaften fluchtartig verlassen müssen. Jetzt wollen oder dürfen sie nicht zurück. Oftmals gingen sie mit wenig Gepäck, in sommerlicher Kleidung. Manche hatten nicht mal einen Pullover dabei. In den warmen Tagen Anfang Oktober war man noch davon ausgegangen, unmittelbar zurückkehren zu dürfen. Doch daraus wurde nichts. Es mangelte schnell an den notwendigsten Sachen. Als die ersten Evakuierten in Jerusalem ankommen, sendet Bernice eine Nachricht in eine lokale WhatsApp-Gruppe. Sie möchte den ankommenden Menschen helfen. Schnell entsteht die Idee, für die Verteilung der Sachspenden eine Ladenfläche zu nutzen. Chani Canterman, die mit ihrem Mann Rabbi Eliyahu Canterman der lokalen Chabad-Gemeinde angehört, kümmert sich um die Organisation. Die „Boutique" wird Amshelanu genannt, es bedeutet „unser Volk".

Ein Sprung zurück in den Sommer 2024. Bernice und ich beginnen unser Gespräch mit ihren persönlichen Erinnerungen an den 7. Oktober. Die älteste Tochter ist mit ihrer Familie zu Besuch. Schon früh am Morgen ertönen die Sirenen, was in Jerusalem sehr selten passiert. Donner ist zu hören, berichtet sie mir, und sie meint gleich, dass es wohl das „Iron Dome"-System sein müsse. Fernseher, Radio und Smartphones bleiben am Schabbat in ihrer Familie ausgeschaltet. Entsprechend wissen sie noch nicht, welcher Horror gerade beginnt. Etwas später auf dem Weg zur Synagoge ertönt erneut Raketenalarm. Schnell suchen sie Deckung unter einer Treppe, wie es eben vorgeschrieben ist.

Kaum ist die Familie in der Gemeinde angekommen, erscheint dort ein Vertreter der Großen Synagoge von Jerusalem und bittet alle Besucher, unmittelbar nach Hause zu gehen und dort die Gebete fortzusetzen. Niemand solle zudem die eigenen vier Wände verlassen, bis klar sei, dass keine Terroristen durch die Straßen von Jerusalem ziehen würden. Die Verunsicherung unter den Menschen muss groß gewesen sein, auch wenn meine Gesprächspartnerin dies nicht zum Thema macht.

Bernice berichtet mir, wie ihr Mann ein Paar in der Synagoge beobachtet. Der junge Mann verabschiedet sich von seiner Frau, um sich zum Reservedienst zu melden. Erst kürzlich haben die beiden geheiratet. Ihr Enkelsohn, der zwei Tage nach dem 7. Oktober einberufen wird, berichtet wenig später, dass das Mitglied der Gemeinde in den ersten Kriegstagen gefallen ist. „Mit jeder neuen Generation hoffen und beten wir, dass diese Generation vielleicht nicht mehr dienen muss", erklärt mir Bernice und spielt damit auf den verpflichtenden Militärdienst nach der Schulzeit für die allermeisten Israelis an – zwei Jahre für Frauen, drei Jahre für Männer. Sie ergänzt resignierend: „Aber wir wissen, wir müssen uns mit unseren Feinden auseinandersetzen. Es wäre besser, wir müssten uns mit Freunden beschäftigen."

Wir kommen zurück auf unser Gespräch im Frühjahr. An der Lage im Land hat sich wenig verändert. Noch immer sind über 100 000 Menschen evakuiert. Bernice beschreibt dabei auch die Gefühlslage der Mefunim, was das hebräische Wort für Evakuierte ist. „Sie waren unabhängige Menschen, die für sich selbst sorgen konnten. Sie wurden ihrer Lebendigkeit beraubt." Manche der Familien, die von der Amshelanu Boutique versorgt werden, haben bis zu zehn Kinder.

Vier Tage in der Woche ist der Laden geöffnet. Über 250 Freiwillige sind involviert. Es gibt notwendige Dinge für den Alltag: Lebensmittel, Kleidung und Spielsachen. Die Sachspenden werden gründlich auf ihre Qualität geprüft, bevor sie in der Boutique angeboten werden. Man möchte keinen Ramsch oder kaputte Sachen verteilen. Über den Winter werden allein rund 1000 Jacken und Mäntel ausgegeben. Einmal in der Woche gibt es Aktivitäten für evakuierte Kinder, um deren Eltern zu entlasten.

Da die meisten Evakuierten zurzeit keinen eigenen Ofen besitzen, backen die Frauen unter ihnen gemeinsam mit weiteren Bürgern des Stadtteils Challot zu Hause. Diese traditionellen jüdischen Gebäckstücke werden an Familien verteilt und an Soldaten geschickt. Dazu werden auch Angehörige von Geiseln eingeladen, um sie zu unterstützen. Es wird gemeinsam gesungen und für die Rückkehr der Entführten gebetet, erfahre ich von meiner engagierten Gesprächspartnerin.

Die Hilfsbereitschaft ist ungebrochen groß. Es treffen sogar Spenden aus Europa, Kanada und den USA ein. Doch trotz aller Motivation diskutieren die freiwilligen Helfer immer wieder, ob vielleicht zu viel geholfen wird. Bernice erklärt mir, dass man die Mefunim mit Respekt behandeln möchte. Das gilt gleichermaßen für die Qualität der Unterstützung wie auch für den Umfang. Daher stellen sich die Helfer auch die Frage, ob zu viel Hilfe nicht zur Gewohnheit werden könne. Niemand soll in die Abhängigkeit gedrängt werden, beschreibt mir Bernice die Gedanken.

Die Boutique Amshelanu ist eines von vielen beeindruckenden zivilgesellschaftlichen Projekten, die nach dem 7. Oktober in Israel entstanden sind.[22] Die hilfsbereite Bernice möchte die Initiative gemeinsam mit den Ehrenamtlichen pragmatisch weiterentwickeln. „Wir dachten niemals, dass die Boutique so lange in Betrieb sein würde, aber sie wird immer noch gebraucht", sagte sie mir Mitte August. Mitte November 2024 hat der Laden immer noch einmal in der Woche geöffnet, ein Ende ist zu dieser Zeit nicht wirklich in Sicht. Für die Mefunim ist es ein Glücksfall.

Campusleben zu Kriegszeiten – Perspektiven prallen aufeinander

Man sollte meinen, die israelische Gesellschaft würde nach den unvorstellbaren Gräueltaten der Hamas und den sich anschließenden Angriffen durch Hisbollah, Huthis und den Iran uneingeschränkte Solidarität erhalten. Die Realität sieht anders aus, auch an Hochschulen weltweit. Die Bilder der teils gewalttätigen Proteste an renommierten US-amerikanischen Universitäten schockieren. Proteste nicht etwa gegen den Terror, sondern gegen das sich verteidigende Israel – eine verkehrte Welt.

Die Entwicklung schwappt schnell nach Deutschland über. Dr. Josef Schuster, Präsident des Zentralrats der Juden in Deutschland, spricht im Mai 2024 von einem extremen Unsicherheitsgefühl jüdischer Studentinnen und Studenten und warnt vor amerikanischen Verhältnissen an deutschen Universitäten. Als Gegenbewegung haben sich bereits wenige Wochen nach dem Angriff der Hamas eigene Bewegungen wie die überparteiliche Initiative Fridays for Israel gegründet. Während sich die Lage dennoch weiter zuspitzt, richtet die Jüdische Studierendenunion Deutschlands (JSUD) einen Appell an die deutsche Politik: Antisemitismus und Terrorverherrlichung sei an deutschen Hochschulen in keiner Weise zu dulden. Man sollte meinen, es wäre eine Selbstverständlichkeit. Dieses Engagement führt unter anderem dazu, dass der Berliner Senat nach einem Vorfall geltendes Hochschulrecht ändert, um gewaltbereite Studenten zu exmatrikulieren. Dafür wird die JSUD im Herbst 2024 mit einem ELNET Award ausgezeichnet. Die Würdigungen für herausragendes Engagement gegen Antisemitismus werden jährlich vergeben.

Angesichts der Entwicklungen in Europa und den USA möchte ich wissen, wie die Lage in Israel ist. Dafür treffe ich mich am 7. April 2024 mit Prof. Dr. Asher Cohen in Jerusalem. Der Psychologe ist der 14. Präsident der Hebrew University und bereits seit 2017 im Amt. Die renommierte Bildungseinrichtung ist die zweitälteste in Israel, gegründet 1918 und damit älter als der Staat selbst. Das Shanghai Ranking listet sie unter den 100 führenden Universitäten weltweit. Zu ihren Absolventen zählen mehrere Nobelpreisträger und Ministerpräsidenten. Wir sitzen in seinem Büro auf dem Mount Scopus Campus im Osten der Stadt. Der Raum ist mit dunklen Holzmöbeln ausgestattet. In einem Regal stehen auffallend viele Bücher mit Bezug zu Albert Einstein, einem der Gründerväter der Universität.

Asher Cohen ist verheiratet und hat zwei Kinder. Seine Tochter lebt ebenfalls in Jerusalem und studiert an der Kunstakademie. Der Sohn dient in der IDF. „Seine Waffen sind Computer“, erfahre ich im Laufe unseres Gesprächs. Er arbeitet im Bereich Cybersecurity und nicht als Soldat im Feld.

Am 7. Oktober treffen ihn die Bilder in den digitalen Medien mit einem Schlag. Seine Frau zeigt ihm Aufnahmen von Trucks voller bewaffneter Menschen im Süden Israels und sagt ihm, diese seien von der Hamas. Der Familienvater kann und will dies zunächst nicht glauben – wie so viele Menschen in Israel. Mein Gesprächspartner erinnert sich, dass es auch in Jerusalem Raketenalarm gab und er ihn zunächst nicht ernst nahm. Ohnehin hat seine eigene Wohnung keinen Schutzraum. Erst nach einigen Stunden realisiert er das Ausmaß des Horrors, der Israel seit dem Morgengrauen heimsucht.

Die Hebrew University befindet sich noch in den Semesterferien, wie alle anderen Hochschulen des Landes. Eine Woche später soll der Lehrbetrieb starten. Dies gibt etwas zeitlichen Puffer für die nun notwendigen Planungen. Präsident Cohen beginnt, sich Gedanken über den nächsten Tag zu machen. Das Präsidium muss sich unmittelbar mit der Lage beschäftigen und verschiedene Szenarien durchsprechen. Ihm dämmert, dass ein regulärer Semesterstart nicht möglich sein wird.

Die neun israelischen Universitäten stehen in einem engen Dialog. Die Präsidenten haben sogar eine gemeinsame, aktiv genutzte WhatsApp-Gruppe, ein Überbleibsel aus Zeiten der Pandemie, erfahre ich. Ging es zunächst um Covid und später um die heftig umstrittene Justizreform der israelischen Regierung, stehen nun der 7. Oktober sowie der daraus resultierende Krieg im Fokus. Der Austausch mit den Kollegen sowie mit seinem eigenen Team konzentriert sich schnell auf vier große Herausforderungen: die Lehre, die Forschung, die internationale Zusammenarbeit sowie die Diversität an den Universitäten. Professor Cohen schildert mir diese aus Sicht der Hebrew University.

Unmittelbar nach dem Angriff der Hamas beruft die israelische Armee 220 000 Reservisten zurück in den Dienst. Davon betroffen ist auch die Hebrew University. Rund ein Drittel aller Studenten wird eingezogen, mehr als 7000 Personen. Unter diesen Umständen kann kein normaler Lehrbetrieb stattfinden, berichtet mir der Universitätspräsident. Als das Semester im Dezember 2023 mit mehr als zwei Monaten Verspätung startet, sind immer noch über 3000 Studenten mit der Verteidigung des eigenen Landes beschäftigt. Alle Vorlesungen werden aufgezeichnet, sodass sie zu einem späteren Zeitpunkt online nachgeholt werden können. Im zweiten Semester nach Kriegsbeginn werden zudem zusätzliche Arbeitsgruppen eingerichtet, um aus dem Kriegsdienst zurückkehrenden Studenten den Wiedereinstieg zu erleichtern. Zusätzlich gibt es Hilfsangebote für alle durch den Krieg traumatisierten Mitarbeiter und Studenten der Universität.

Auch die akademische Forschung ist betroffen. Die Universität versucht alles, um die Arbeit regulär fortsetzen zu können. Es wird zudem nicht genau nachverfolgt, was in den ersten Wochen nach dem 7. Oktober alles liegen bleibt. Sicherlich macht sich auch hier die Einberufung von Reservisten bemerkbar, stellen wir gemeinsam fest. Ein nicht unwesentlicher Anteil der Forschung findet jedoch auch im Verbund mit anderen Universitäten statt – vor allem im Ausland. Das seit Kriegsbeginn stark eingeschränkte Flugangebot sowie die reduzierte Bereitschaft vieler Menschen, seitdem zu beruflichen Zwecken nach Israel zu reisen, sind dabei noch die geringsten Herausforderungen.

Der dritte Punkt schmerzt Präsident Cohen sichtlich. Er holt weiter aus. Noch am 7. Oktober veröffentlichten 34 studentische Organisationen der Harvard University eine gemeinsame Erklärung, die Israel für die Ereignisse verantwortlich macht, berichtet er mir. Kurz darauf folgen weitere, ähnliche Erklärungen von anderen Universitäten in den Vereinigten Staaten, in denen die antisemitischen

Ausschreitungen an den US-Universitäten komplett ignoriert werden – sowohl von studentischer Seite als auch von Universitätspräsidien wie in Harvard und Stanford. Der Präsident der Hebrew University antwortet darauf mit einem offenen Brief und wirft den US-Universitäten moralisches Versagen vor. Dabei verwendet er eine bestechende Analogie. Er schreibt in die USA, man möge sich dort vorstellen, er hätte nach dem 11. September 2001 eine Erklärung veröffentlicht, die zu weniger Gewalt auf beiden Seiten aufgerufen hätte. „Das wäre undenkbar", schlussfolgert Professor Cohen.

Die USA und Israel haben traditionell engste Verbindungen – eigentlich auch im akademischen Bereich. Asher Cohen hat mehrere Jahre seiner wissenschaftlichen Karriere in den Vereinigten Staaten verbracht, an der Universität von Oregon promoviert sowie an der Universität von Indiana gelehrt. Man merkt, dass ihn die geschilderten Ereignisse an den US-Universitäten auch persönlich belasten und über die Zeit gewachsene Beziehungen erschüttern.

Der Universitätspräsident beginnt, mit seinen Amtskollegen der anderen acht israelischen Universitäten gemeinsame Briefe zu schreiben. Sie eint die Sorge, wie sich die Situation in der akademischen Welt sowohl in Europa als auch in den USA entwickeln wird. „Anfangs war es noch einfach zu rechtfertigen, was Israel tun muss. Im Laufe der Zeit wurde dies immer komplizierter", erinnert sich Präsident Cohen und spielt damit wohl auf die Bilder aus dem Gazastreifen an. Er hofft darauf, dass sich die Lage wieder entspannen wird. So lange wird es aus seiner Sicht jedoch keine Fortsetzung der Gespräche mit Universitäten in den Vereinigten Arabischen Emiraten und Marokko über mögliche Kooperationen geben. Im Zuge der Abraham-Abkommen, der Normalisierung von Beziehungen zwischen Israel und einigen arabischen und muslimischen Ländern, entstand seit Sommer 2020 auch in der akademischen Welt dieser Staaten eine neue Dynamik.

Deutschland ist in all diesen Monaten eine große Ausnahme, erfahre ich. Professor Cohen findet Worte des Dankes: „Es gab eine breite Solidarität von deutschen Universitäten. Dies möchte ich anerkennend feststellen." Die Bundesrepublik war auch vor dem 7. Oktober bereits zweitwichtigster Partner der israelischen Wissenschaft. Es existiert eine Vielzahl von Partnerschaften und Kooperationen zwischen Universitäten und Hochschulen aus beiden Ländern. Die von beiden Ländern gemeinsam eingerichtete Deutsch-Israelische Stiftung für Wissenschaftliche Forschung und Entwicklung (GIF) fördert die Beziehungen seit rund 40 Jahren.

Professor Cohen berichtet lebhaft vom engen Austausch mit der Freien Universität Berlin. Bereits 1957 begann ein Dialog zwischen beiden Institutionen, der bereits zwei Jahre vor der Aufnahme offizieller diplomatischer Beziehungen zwischen beiden Nationen in einen Besuch von deutschen Studenten in Israel mündete.[23] Ohne die antisemitischen Vorfälle in Berlin anzusprechen, die es seit dem 7. Oktober gegeben hat, äußert er Verständnis für eine Herausforderung, die alle Hochschulleitungen teilen: Die Bewahrung der Meinungsfreiheit gegenüber der Bekämpfung von Antisemitismus. „Alles hat ein Limit, aber es braucht auch eine Balance."

Die Hebrew University ist international und multireligiös aufgestellt. 16 Prozent der Studenten sind arabische Israelis, ungefähr die Hälfte davon Palästinenser aus

Ostjerusalem. Präsident Cohen war sehr besorgt, wie sich dies auf den akademischen Betrieb auswirken wird. In den ersten Monaten nach dem Angriff der Hamas sind deshalb Demonstrationen auf dem Universitätsgelände aus Sicherheitsgründen verboten. Zum Zeitpunkt unseres Gesprächs ist bereits das zweite Semester angelaufen. Nach seiner Erinnerung gab es keinerlei Vorfälle auf dem Campus – auch nicht an anderen israelischen Universitäten. Ähnlich bestätigt es mir Monate später auch Dean Elsdunne, Sprecher der israelischen Polizei, für das ganze Land.

Vor dem 7. Oktober waren zusätzlich gut 2000 internationale Studenten aus über 90 Ländern an der Hebrew University eingeschrieben. Immerhin ein gutes Drittel ist trotz des Krieges geblieben. Es gibt spezielle Programme, um den Austausch mit israelischen Studenten über die aktuelle Situation zu fördern sowie den arabisch-israelischen Konflikt zu vermitteln. Im Bedarfsfall gibt es auch emotionale und psychologische Unterstützung. Wer helfen möchte, kann sich freiwillig melden, um beispielsweise in der vom Angriff der Hamas und dem folgenden Krieg besonders stark betroffenen Landwirtschaft im Süden Israels mit anzupacken.[24]

Asher Cohen lobt abschließend seine Vizepräsidentin für Strategie und Diversität, Professor Mona Khoury, die verschiedene Initiativen zur Förderung der Koexistenz verantwortet. Sogenannte Student Ambassadors, studentische Botschafter, fördern weiterhin das Miteinander am Campus. Laut dem Universitätspräsidenten wünschen sich und leben die Studenten einfach Normalität – Alltag im Ausnahmezustand.

Das Gespräch mit dem Universitätspräsidenten stimmt mich einmal mehr optimistisch – zumindest für die weitere Entwicklung in Israel. Während ich im Zug von Jerusalem zurück nach Tel Aviv sitze, grüble ich dafür umso mehr, warum sich an Universitäten in Deutschland und weiteren westlichen Ländern derweil ganz andere Szenen ergeben: Besetzte Hörsäle, Demonstrationen und Boykottaufrufe gegen den jüdischen Staat, sogar tätliche Angriffe auf jüdische Studenten scheinen bei uns immer häufiger vorzukommen, je länger der Krieg dauert. Wer sich mit der Lage in Israel und der Region, mit den Ereignissen des 7. Oktobers ernsthaft beschäftigt, kann da nur besorgt den Kopf schütteln. Warum braucht es erst wieder mahnende und warnende Worte von jüdischen Institutionen und Organisationen wie dem Zentralrat oder der JSUD? Empfehlungen für konkrete Maßnahmen liegen auf dem Tisch.[25] Es ist höchste Zeit, dass Hochschulleitungen und Politik vom Reden ins Handeln kommen.

Startup Nation – „We deliver, no matter what“

Über 7000 Startups und Tech-Firmen gibt es in Israel, die 12 Prozent der Jobs schaffen, 20 Prozent des israelischen Bruttoinlandprodukts (BIP) erwirtschaften und 53 Prozent der Exporte generieren. Damit gilt Israel weltweit als führend: Nummer 1 in Startups pro Kopf der Bevölkerung und Nummer 2 in Venture Capital Investments – Wagniskapital von Investoren, die auf den Erfolg israelischer Technologie setzen. Zudem wird in keinem Land weltweit anteilig mehr vom BIP in Forschung und Entwicklung investiert. Über die vergangenen Jahrzehnte ist hier eine echte „Startup Nation“ entstanden.[26]

Die aktuellen Daten stammen von Startup Nation Central (SNC). 2013 wurde SNC als unabhängige NGO gegründet, um internationale Geschäftsbeziehungen und den Austausch von Wissen und Ressourcen zu fördern. Dazu verbindet SNC Startups und junge Technologieunternehmen, sogenannte Innovatoren, aus Israel mit führenden Unternehmen sowie multinationalen Organisationen weltweit.[27]

Seit 2021 leitet Avi Hasson die Organisation als CEO. Er blickt auf mehr als drei Jahrzehnte Erfahrung in der israelischen Tech-Szene zurück. Am 7. Dezember 2023, zwei Monate nach dem Angriff der Hamas, richten wir gemeinsam mit einer Vielzahl von Verbänden und Institutionen aus beiden Ländern das Israel Solidarity Forum of the German Economy aus. „Israeli Hightech delivers – no matter what", lautet der Slogan der Tech-Szene. Man will Verlässlichkeit ausstrahlen, Vertrauen aufbauen. Drei Monate später ist Avi zu Gesprächen mit potenziellen Investoren und der Bundespolitik in Berlin. Wir tauschen uns am Rande einer Investorenrunde im Berliner Büro von ELNET aus, bevor es gemeinsam in den Bundestag geht. Die Lage ist ernst, aber nicht ohne Hoffnung.

Um unsere Gedanken zu vertiefen, verabreden wir uns für den 17. April 2024 zu einem virtuellen Gespräch. Wir beginnen mit den Ereignissen aus dem vergangenen Herbst. Er kennt die betroffenen Gebiete im Süden sehr genau, war oft dort. Als Familienvater blickt Avi Hasson auch persönlich auf die Ereignisse und die nachfolgenden Entwicklungen. Er hat drei Kinder, eine Tochter dient zur Zeit des Gesprächs in der IDF. „Man kennt die Leute, Israel ist eine kleine Gesellschaft", betont Avi und lässt mich zusätzlich wissen, dass auch er beim Angriff der Hamas enge Freunde verloren hat.

Unmittelbar nach dem 7. Oktober werden über 220 000 Soldaten einberufen. Viele Reservisten müssen sich noch am selben Tag bei ihren Einheiten melden.[28] Davon ist die Tech-Szene mit ihrer jungen Belegschaft überproportional stark betroffen: Rund 15 Prozent der Mitarbeiter fallen vorerst aus. Bei SNC sind es ähnlich viele.

Die israelische Startup-Szene galt bislang als eher unpolitisch, mindestens aber politisch zurückhaltend. Die aufgeladene Debatte rund um die Justizreform der israelischen Regierung setzt bereits Anfang 2023 eine Veränderung in Gang, der Hamas-Angriff aber verändert alles: „Die Regierung ist in den Wochen nach dem 7. Oktober praktisch abwesend. Entsprechend fangen die Menschen an, eigene Initiativen zu entwickeln und packen an, wo Hilfe benötigt wird", erinnert Avi die Situation aus Sicht der Wirtschaft. „Alle Mann an Deck" („all hands on deck") lautet das Motto: Autos werden hin und her gefahren, zwischen den Reservisten und ihren Stützpunkten sowie ihren Familien. Landwirtschaftliche Betriebe bekommen dringend benötigte Unterstützung. Viele Geschichten machen die Runde, in denen CEOs fast direkt von der Front virtuelle Termine machen. Das alles stärkt das Selbstvertrauen der Tech-Szene, und es strahlt Verlässlichkeit nach außen aus. Der CEO von Startup Nation Central beschreibt dies als sehr jüdisch, sehr israelisch – solidarisch und kreativ.

Israelische Hightech-Firmen bedienen schon immer einen globalen Markt. Anders als im Tourismus-Sektor bricht ihr Geschäft nach dem 7. Oktober nicht komplett zusammen. Auch sieben Monate nach Kriegsbeginn sind die Investitionen robust und nehmen nicht stärker ab, als es derzeit ohnehin international der Fall ist. Das kommt nicht von ungefähr. SNC bringt sich nach Kräften ein, wirbt international und unterstützt im Land selbst. Über 200 erfahrene Berater begleiten die Startups durch die kritischen Monate. Man merkt, dass Avi Hasson auf diese Initiative besonders stolz ist. Er betont, dass SNC niemals Gebühren erhoben hat, nicht gewinnorientiert arbeitet und nicht auf Umsätze aus ist.

Fast könnte man denken, von Krise sei keine Spur. Avi geht von einem neuen Innovationsboom nach dem Krieg aus. Insbesondere in den Bereichen Sicherheit und Verteidigung sowie mentale Gesundheit, aber auch in Sachen Augmented und Virtual Reality, bei Drohnen sowie bei künstlicher Intelligenz erwartet er große Sprünge. Während der Debatten zur Justizreform im Sommer 2023, als viele israelische Unternehmer damit drohten, das Land zu verlassen, war er noch tief besorgt um die Innovationskraft und die Zukunft der Szene. Jetzt sieht er sie wieder auf dem richtigen Weg: am Reparieren und Verbessern. Mit Blick auf die Hamas schließt er, dass jetzt umso mehr die Zeit für eine Normalisierung der Beziehungen mit Saudi-Arabien gekommen sei. Es wäre eine weitere, historische Veränderung im Nahen Osten seit den ersten Abraham-Abkommen 2020. Auf die Chancen einer solchen Veränderung gehe ich am Ende des Buches noch einmal ein.

Zwölf Monate später

Wie sich die „Startup Nation" angesichts des weiterhin laufenden Krieges entwickelt hat, möchte ich ein Jahr nach dem 7. Oktober genauer wissen. Dazu verabrede ich mich mit Ariela Karmel. Sie stammt aus Kanada und zog nach dem Abschluss des Bachelorstudiums nach Israel. Ihre journalistische Karriere begann bei der renommierten israelischen Zeitung *Haaretz*. Heute schreibt Ariela für die Wirtschaftszeitung *Calcalist* über Innovationen im Gesundheitswesen und Investitionen sowie Übernahmen innerhalb der israelischen Tech-Szene. Seit Beginn des Krieges beschäftigt sie sich vor allem mit dessen Auswirkungen auf den Wirtschaftsstandort Israel.

Den Angriff der Hamas erlebt Ariela in Tel Aviv. Ein Mitbewohner weckt sie am frühen Morgen. Die Journalistin berichtet mir, dass sie weniger vom Raketenalarm geschockt gewesen sei, sondern vielmehr von den Nachrichten, die im Laufe des Tages auf sie einprasseln. Ein Jahr danach sei eine Menge Frustration und Erschöpfung im Land zu spüren, stellt Ariela fest: „Viele Menschen haben bereits individuelle Traumata von früheren Kriegen. Durch die weiterhin von der Hamas festgehaltenen Geiseln sowie den andauernden Krieg mit Hamas und Hisbollah kommt ein gesellschaftliches Trauma hinzu“, beschreibt sie mir die Situation und bekräftigt damit, was Professor Lahad bereits im Frühjahr 2024 prognostizierte. Dies würde man bis heute wirtschaftlich spüren.

Tel Aviv, eigentlich eine quicklebendige Stadt, wurde in den Wochen und Monaten nach dem 7. Oktober zu einer Geisterstadt, erinnert sich Ariela. Dies sei ein großer Unterschied zu anderen Kriegen der Vergangenheit. Auch wenn mir der persönliche Vergleich fehlt, kann ich ihre Schilderungen gut nachvollziehen. Anfang Dezember 2023 kehrte ich erstmals seit dem Blutbad der Hamas zurück. Zu diesem Zeitpunkt waren viele Bars und Restaurants in Tel Aviv noch geschlossen. Wer dennoch geöffnet hatte, spielte keine Musik, die wenigen Gäste saßen still an ihren Tischen. Überall waren gelbe Fahnen und Schleifen sowie Aufkleber und Poster in Erinnerung an die Geiseln der Hamas angebracht. Eine bedrückende Atmosphäre.

Die Sorge sei groß gewesen, dass auch der Technologie-Sektor nachhaltig unter der Situation leiden würde. Viele Faktoren hätten die Industrie zuletzt erschüttert, schildert mir die Journalistin. Dazu gehören der weltweite wirtschaftliche Abschwung, die israelische Justizreform sowie schließlich die Abstufung der Kreditwürdigkeit Israels durch führende Wirtschaftsinstitute nach dem 7. Oktober.[29]

Die Zahlen sprechen jedoch eine andere Sprache und stimmen optimistisch. Trotz der zahlreichen Herausforderungen sind die internationalen Investitionen in israelische Startups in den zwölf Monaten seit Oktober 2023 im Vergleich zum Vorjahr kaum gesunken. Im dritten Quartal 2024 hat es sogar wieder mehr Investitionen gegeben als im Vergleichszeitraum des Vorjahres. Die Analysen von Startup Nation Central bestätigen die Resilienz des Tech-Sektors.[30] „Trotz aller Herausforderungen funktioniert die Tech-Szene heute sogar besser als vor dem 7. Oktober", schildert mir meine Gesprächspartnerin die aktuelle Lage.

Mit der israelischen Politik geht Ariela dennoch hart ins Gericht. In einem Beitrag für das Portal *CTech* schreibt die Journalistin ein Jahr nach dem Überfall der Hamas, dass sich die israelischen Gründer nicht wegen, sondern trotz der staatlichen Führung in schwierigen Zeiten behauptet hätten.[31] Die Innovationskraft nimmt in einigen Bereichen sogar deutlich zu. Ariela bestätigt die branchenspezifischen Prognosen von Avi Hasson, die er einige Monate zuvor tätigte. Der Krieg und seine bereits geschilderten Auswirkungen auf die israelische Gesellschaft erfordern kurzfristig neue, innovative Lösungen. Sich daran zu beteiligen ist für viele in der Szene etwas, das sie mit Stolz erfüllt. In der Tech-Branche wächst damit ein neues Gefühl von Sinnhaftigkeit hinsichtlich der eigenen Tätigkeit.

Der 7. Oktober und seine Folgen bringen das Land in eine noch nie dagewesene Situation. Dabei wird auch die Tech-Szene politischer. Die Wirtschaftsexpertin erwähnt Izhar Shay und Eyal Waldmann als prominente Akteure. Mit beiden Unternehmern sprach ich bereits im Frühjahr 2024 über ihre Erfahrung, ihren Verlust sowie ihr Engagement. „Die Menschen suchen nach Alternativen zur bisherigen Politik. Führungskräfte aus dem Innovationssektor stehen dabei besonders im Fokus, da sie auch eine wichtige Brücke zwischen Militär und Gesellschaft bilden. Eventuell werden sich auch Angehörige der Geiseln oder von ermordeten Menschen stärker politisch engagieren. So wird der Gesellschaft Hoffnung und Stolz zurückgegeben“, ergänzt Ariela.

Zum Abschluss unseres Gesprächs am 14. Oktober 2024 kommt sie noch einmal auf die wirtschaftliche Entwicklung zurück. „Die Menschen wissen, dass unser Startup-Ökosystem unter ständigem Druck steht. Die in dieser Situation entstehenden Firmen sind die besten der Welt.“ Aus Sicht der erfahrenen Journalistin wird die israelische Tech-Szene nach dem Ende des Krieges stärker sein als je zuvor.

The Day After – Perspektiven für die Zeit danach

Wir springen noch einmal zurück ins Frühjahr 2024. Das von der Hamas angerichtete Blutbad ist genau ein halbes Jahr her. Wieder einmal bin ich mit meinem israelischen Kollegen Daniel Shadmy unterwegs. An diesem 7. April treffen wir Eyal Waldman. Bis zum Angriff der Hamas auf das Nova Festival hatte der israelische Unternehmer drei Kinder. Seine jüngste Tochter Danielle (24) ist nun seit genau sechs Monaten tot. Sie wurde gemeinsam mit ihrem Freund Noam Shay und 362 weiteren friedlich feiernden, überwiegend jungen Menschen von der Hamas auf dem Nova-Festivalgelände im Süden des Landes brutal ermordet.

Eyal empfängt uns in seinem großzügigen Apartment in einem der vielen neuen Hochhäuser von Tel Aviv. Unser Blick schweift vom Balkon aus über die halbe Stadt. Ein atemraubender Ausblick. Das Mittelmeer glitzert im Sonnenschein. Als Unternehmer hat er den israelischen Chipproduzenten Mellanox Technologies mitgegründet und Jahre später für fast sieben Milliarden Dollar erfolgreich an das US-Unternehmen Nvidia verkauft. Er engagiert sich als Wohltäter, unter anderem hat er 360 000 US-Dollar für ein Krankenhaus in Gaza gesammelt, den größten Teil davon hat er persönlich gespendet. Zudem schuf er über 200 Arbeitsplätze für Palästinenser im Gazastreifen und der Westbank, wie er der britischen *BBC* in einem Interview bereits Ende Dezember 2023 berichtet.[32] Ein friedliches Miteinander mit den Palästinensern ist ihm schon lange wichtig, wie er in unserem Gespräch immer wieder deutlich macht. Deshalb unterstützte er zuletzt eine große Friedensinitiative, war bereit fünf Millionen US-Dollar zu geben, bis die palästinensische Seite die Zusammenarbeit im Frühjahr 2022 abbrach.

Der Unternehmer macht uns einen frischen Kaffee und stellt uns ein Glas Wasser hin. Typisch für die israelische Tech-Szene trägt er ein einfaches Shirt und Jeans. Er läuft barfuß durch sein Apartment. Wir haben nicht viel Zeit, im Anschluss spricht er auf einer Konferenz und benötigt Zeit für die Anfahrt. Also kommen wir schnell zum Thema. Mit Stolz in der Stimme spricht er von seiner Tochter Danielle, die zwei Tage nach dem Festival eigentlich ins italienische Florenz fliegen wollte. Ein Besuch im Rahmen ihres Studiums, für den sie ausgewählt wurde. Seine Tochter studierte Innendesign im zweiten Jahr.

Am 7. Oktober 2023 ist Eyal in Indonesien. Er hört dort von den Raketenangriffen auf Israel. Wenige Stunden später meldet sich sein Sohn Guy. Danielle sei nicht erreichbar und zuvor auf einer Party im Süden gewesen. Der Tech-Unternehmer ist zu diesem Zeitpunkt auf einer kleinen, isolierten Insel. Er bestellt einen Helikopter, der ihn nach mehr als zehn Stunden endlich zum nächsten Flughafen bringt, berichtet er uns trocken. Der Luftraum über Israel ist mittlerweile geschlossen, also fliegt er nach Larnaca auf Zypern. Von dort kommt er mit dem Flugzeug eines Freundes schließlich doch noch nach Israel.

Kaum gelandet sitzt er im Auto auf dem Weg Richtung Süden an den Ort, an dem das Handy von Danielle zuletzt geortet wurde. Eyal findet den Wagen am Straßenrand – voller Einschusslöcher und Blut, jedoch ohne Überlebende oder Tote. Bis einschließlich Mittwoch suchen sie seine Tochter und hoffen, dass sie sich irgendwo versteckt hat. Währenddessen sind immer noch Terroristen in der Gegend unterwegs. Zwischendurch wächst die Befürchtung, dass seine Tochter womöglich von der Hamas entführt wurde. Dann erhält er die Nachricht, dass der Körper von Danielle durch freiwillige Helfer von Zaka geborgen und identifiziert wurde. Zaka ist eine ultraorthodoxe Organisation, die vor allem nach Unfällen oder Terroranschlägen unterstützt und die sterblichen Überreste der Opfer birgt. Die Beerdigung findet am Tag darauf statt.

Der Familienvater hat drei klare Forderungen. „Als erstes müssen wir die Geiseln zurückbekommen. Das hat oberste Priorität“, sagt uns Eyal. Die Vernichtung der Terrororganisationen Hamas und Islamischer Dschihad folgt an zweiter Stelle. Aus seiner Sicht zieht sich der Krieg schon viel zu lange hin, ohne dass dieses zweite Ziel erreicht wird. Er verlangt ein robusteres Vorgehen und scheut auf meine Nachfrage dabei weder den internationalen Druck noch eine mögliche Eskalation mit der Hisbollah im Norden, zu der es im weiteren Jahresverlauf tatsächlich kommen wird.

Schließlich schlägt er die Bildung einer internationalen Koalition aus arabischen und europäischen Staaten sowie den USA vor. Dieses Bündnis sollte sich mit einer technokratisch besetzten Regierung, gestützt von den führenden Familien in Gaza, um den Wiederaufbau des Gazastreifens kümmern. Zukünftig hofft er auf freie Wahlen und eine friedliche Koexistenz zweier unabhängiger Staaten. Dazu plädiert er für die Anbindung des Gazastreifens an die Westbank.

Wir diskutieren die mögliche Einbindung arabischer Staaten in eine „Day After"-Koalition, um nach Kriegsende tatsächlich neue Perspektiven zu schaffen. Dies könnte auch eine militärische Präsenz der Länder im Gazastreifen umfassen, um die Sicherheit zu gewährleisten. Zum damaligen Zeitpunkt haben sich jedoch mehrere Staaten ablehnend positioniert, darunter Ägypten. Eyal ist dennoch optimistisch, dass sich auch der direkte Nachbar einbinden lassen wird: „Wenn die Palästinenser darum bitten, die USA es wünschen, und die Ägypter etwas dafür bekommen, werden sie mitziehen. Ansonsten fragen wir eben die Vereinigten Arabischen Emirate, Jordanien und Saudi-Arabien."

Mit dem zuletzt genannten Land im Südosten Israels bestehen bislang noch nicht einmal offizielle diplomatische Beziehungen, auch wenn es zuletzt immer häufiger punktuelle Kooperationen und sogar militärische Hilfe zur Abwehr iranischer Angriffe auf Israel gab. Es wäre eine Fortschreibung der Abraham-Abkommen und eine weitere historische Veränderung für die ganze Region. Eine entsprechende Empfehlung gab dazu auch das Europe Middle East Forum ab, welches im Juni 2024 Teilnehmer aus Europa, Israel und einigen arabischen Staaten in Berlin zusammenbrachte.[33]

Ich spreche ihn auf die weiterhin breite Unterstützung der Palästinenser für die Hamas an, wie auch Umfragen palästinensischer Institute im Frühjahr 2024 zeigen.[34] Eyal hat auch darauf einen optimistischen Blick, man dürfe die Werte nicht zu ernst nehmen. „Es gibt viel Unmut aufgrund von angeblichen Verbrechen israelischer Soldaten. Das sind Fake News. Wir sehen das überall auf der Welt. Die Palästinenser wurden von der Hamas betrogen."

Er setzt darauf, dass sich diese Erkenntnis durchsetzen wird.

Eyal Waldman ist nicht nur für seine wirtschaftlichen Erfolge und sein soziales Engagement bekannt. Bereits während der Debatte um die israelische Justizreform im Laufe des Jahres 2023 sowie nach dem 7. Oktober positionierte er sich wiederholt als lautstarker Kritiker von Ministerpräsident Netanjahu. Er gibt Interviews, trifft internationale Delegationen, engagiert sich im Hintergrund politisch. Ich möchte wissen, was es braucht, um seine Ideen und Forderungen umzusetzen. „Wir müssen unseren Premierminister austauschen, so schnell wie möglich", sagt Eyal voller Überzeugung.

Wenige Woche nach unserem Gespräch wird der Unternehmer mit dem Israel Prize in der Kategorie Unternehmertum und technologische Innovationen ausgezeichnet. Die 1953 erstmals vergebene Auszeichnung ist heute die wichtigste und prestigeträchtigste Ehrung des israelischen Staates.

Sie werden für immer in Erinnerung bleiben

Izhar Shay ist ehemaliges Mitglied der Knesset, des israelischen Parlaments. Von 2019 bis 2021 vertrat er dort die Partei Blau-Weiß. Zudem war er von 2020 bis 2021 Minister für Wissenschaft und Technologie im Kabinett von Benjamin Netanjahu und Benny Gantz.

Wir treffen uns Anfang April unweit des beliebten Carmel-Markts in Tel Aviv. Izhar strahlt in dunklem Poloshirt, Jeans und Turnschuhen eine sportliche Eleganz aus. Wie viele meiner Gesprächspartner trägt auch er eine militärisch gestaltete Erkennungsmarke zur Erinnerung an die Geiseln als Kette um den Hals.

Izhar ist verheiratet und hatte gemeinsam mit seiner Frau Hila bis zum 7. Oktober vier Kinder. Sein jüngster Sohn Yaron Oree (21) wurde an dem Tag von der Hamas getötet, als diese Israel überfiel. Yaron war Soldat der Nahal Brigade. Er beschützte mit seiner Einheit den Kibbuz Kerem Shalom am südlichen Ende des Gazastreifens, unweit der Grenze zu Ägypten. Ihr Einsatz rettete Hunderte Zivilisten sowie mehrere Soldatinnen, berichtet mir sein Vater. Kerem Shalom erlitt nur geringe Verluste. Die dort stationierte Aufklärungseinheit mit ausschließlich weiblichen Soldaten blieb unversehrt.* Der Sohn von Izhar gilt seitdem für viele Menschen als Held. Oree ist Hebräisch und bedeutet „mein Licht". Seine Familie ist stolz auf ihn.

Am 7. Oktober gegen 6.30 Uhr bekommt Izhar eine WhatsApp-Nachricht von Yaron: „Kommt heute nicht her. Ein Krieg hat begonnen", lauten die kurzen Zeilen, erinnert sich der Vater. Eigentlich wäre er heute mit Hila in den Süden gefahren, um den gemeinsamen Sohn auf dessen Stützpunkt zu besuchen. Eine Routine für Familien, wenn die eigenen Kinder auch an einem Feiertag Dienst leisten müssen. „Du fährst hin, bringst Essen mit, etwas Kuchen, und so weiter. Das war unser Plan für den Tag. Wir wollten uns gegen 13 Uhr treffen, hatten das Essen und alles weitere bereits vorbereitet", erinnert sich Izhar.

* Aufgrund ihrer besonderen Konzentrationsfähigkeit setzt die IDF fast ausschließlich Frauen als Späherinnen ein. Auf Hebräisch werden sie „Tatzpitaniot" genannt und oft als die „Augen der Armee" gelobt. Die unter anderem entlang des Gazastreifens stationierten Einheiten ergänzen technologische Überwachungsmaßnahmen. Am 7. Oktober geraten sie ebenfalls in das Visier der Terroristen. Allein auf dem Militärstützpunkt Nahal Oz ermordet die Hamas 15 unbewaffnete Soldatinnen und entführt sieben weitere Späherinnen als Geiseln nach Gaza. Im Nachgang häufen sich die Berichte, dass die Warnungen der Einheiten vor einem bevorstehenden Angriff von den zuständigen Stellen nicht ernst genommen wurden.

„Normalerweise wären wir gegen 22 Uhr wieder daheim gewesen." Kurz darauf durchbrechen Alarmsirenen die morgendliche Stille im ganzen Land.

Die Schilderungen meines Gesprächspartners über diese familiäre Routine rufen mir in Erinnerung, dass Männer und Frauen ab 18 Jahren in Israel Wehrdienst („Sherut Le'umi") leisten müssen – Männer knapp drei Jahre, Frauen zwei Jahre. Dieser Dienst ist ein prägendes Element der israelischen Gesellschaft. Es gibt allerdings Ausnahmen aus religiösen und gesundheitlichen Gründen sowie für nichtjüdische Israelis.

Die Familie Shay hat Angehörige und Freunde im Süden. Der Schwager des ehemaligen Technologieministers lebt mit dessen Familie in Or HaNer, einem Kibbuz am nördlichen Ende des Gazastreifens, unweit der Stadt Sderot. „Damit ist alles, was da unten passiert, unmittelbar auch für uns relevant", verdeutlicht mir Izhar die Situation. Der Warnung von Yaron folgend, bleiben die Eltern zuhause und schalten stattdessen den Fernseher sowie alle weiteren Kommunikationskanäle an. Ab 7 Uhr hören sie nichts mehr von ihrem Sohn, während immer mehr grausame Einzelheiten über den Horror ans Licht kommen, der seit dem Morgengrauen das Land heimsucht.

So hört das Ehepaar Shay, dass es in der Region von Kerem Shalom zu besonders schweren Gefechten kommt. Von der Mutter eines Kameraden von Yaron erfahren sie, dass ihr Sohn schwer verwundet ins Hadassah-Krankenhaus nach Ein Kerem, einem Stadtteil in Westjerusalem, gebracht wurde. Eine WhatsApp-Gruppe verbindet das Paar mit weiteren Eltern der Einheit ihres Sohnes. Dort lesen sie, dass weitere Soldaten nach Ein Kerem zur Behandlung gebracht werden. Die zuständigen Krankenhäuser im Süden sind bereits überfüllt. So entscheiden sie am nächsten Tag ins Hadassah-Klinikum zu fahren. „Als wir dort ankommen, sieht es aus wie in einem Kriegsgebiet. Wie in einem dieser Filme, in denen man Hubschrauber sieht, die auf- und abfliegen. Die ganze Umgebung ist davon bedeckt“, beschreibt mir Izhar die Situation.

Sie erreichen die Notaufnahme am Sonntagnachmittag, doch zunächst kann ihnen niemand bei der Suche nach einem verletzten Soldaten unter vielen helfen. Ihre Hoffnung ist, dass er einfach irgendwo verletzt liegen würde. Ihr Bauchgefühl sagt ihnen jedoch etwas anderes, verrät mir Izhar. Nach etwa einer Stunde kann Hila dank einer jungen Offizierin in Erfahrung bringen, dass ihr Sohn bereits am Vortag in einem Gefecht verwundet, ins Hadassah gebracht und dort für tot erklärt wurde. Vermutlich starb er bereits beim Einsatz. Sie erfährt dies am offiziellen Protokoll vorbei. Durch Zufall hat die Mutter genau die Soldatin angesprochen, die ihren Sohn bei der Einlieferung identifiziert hat. Izhar blickt als Familienvater zurück: „Wir sind der jungen Frau sehr dankbar. Es gab schlicht keine anderen Kapazitäten, die furchtbare Nachricht an uns Eltern zu übermitteln, wie es sonst in solchen Fällen viel zu oft traurige Routine für eine eigens dazu ausgebildete Einheit ist.“

Yarons ältere Brüder Lior und Ophir reisen gerade unabhängig voneinander durch Argentinien beziehungsweise die Philippinen. Die große Schwester Shir ist mit ihrem zwei Monate alten Baby zuhause. Die Eltern rufen ihre drei Kinder noch aus dem Krankenhaus an, um ihnen die tragische Nachricht vom Tod ihres Bruders zu übermitteln. Es bleibt keine Zeit für ein persönliches Treffen. Zu groß ist die Sorge, dass sie es andernfalls aus den Medien erfahren könnten. Beide Brüder erhalten noch am

7. Oktober Nachrichten von der IDF, sich bei den Einheiten zu melden, denen sie als Reservisten zugeteilt sind, erfahre ich vom Vater. Sie machen sich jeweils direkt auf die lange Rückreise.

In meinem Kopf kreisen die Gedanken, was die Eltern in diesen Tagen durchgestanden haben müssen: Ein Sohn ist bei der Verteidigung seines Landes gefallen, die beiden anderen werden am selben Tag einberufen. Der Familienvater thematisiert dies in unserem Gespräch mit keinem Wort. Es gehört für ihn offenbar zum Leben in Israel dazu. Unser Gespräch findet ein halbes Jahr nach dem Angriff der Hamas statt. Izhar berichtet mir, dass die Eltern zu diesem Zeitpunkt trotz mehrfacher Nachfrage immer noch kein offizielles Protokoll des Krankenhauses zum Tod ihres Sohnes Yaron haben. „Wir sind immer noch mitten im Chaos“, kommentiert er die Lage. „So viele Systeme haben am 7. Oktober versagt, so auch dieses.“

Izhar hat sich sehr ausführlich mit den Ereignissen des Tages rund um Kerem Shalom beschäftigt. Der Name des Kibbuz bedeutet „Weinberge des Friedens“, übersetzt er mir mit einem Lächeln. Die hier stationierten Soldaten sollten die Bewohner schützen, den Frieden sichern, aber alle Menschen ihre Wege gehen lassen. Seine detaillierte, fast minutiöse Rekonstruktion des 7. Oktobers basiert auf vielen Gesprächen, aber auch auf Ton- und Videoaufnahmen der Hamas, die ihre Gräueltaten aufnahmen und teilweise live im Internet übertrugen. Dazu hat er viele Fotos auf seinem Smartphone. Aus den Aufnahmen geht auch hervor, wie heldenhaft Yaron mit zwei Kameraden und ihrem frühzeitig manövrierunfähig geschossenen Jeep die Menschen im Dorf sowie die Einheit der Soldatinnen verteidigte, die hier stationiert war.

Izhar zeigt mir einige Bilder von seinem Sohn mit dessen Kameraden in der IDF. Zu sehen ist ein fröhlicher, sportlicher junger Mann. Ich bekomme sehr persönliche, emotionale und berührende WhatsApp-Nachrichten vorgelesen, die Izhar und seine Familie in den Tagen und Wochen danach erreicht haben. Nachrichten von Menschen, die ihr Leben und das Leben ihrer Kinder seinem Sohn verdanken. Wir sitzen kurz schweigend nebeneinander und trauern gemeinsam um Yaron Oree.

Izhar Shay ist nicht nur Vater und ehemaliger Politiker, sondern auch auch Unternehmer. Er kommt aus der Hightech-Branche, seine beiden ihm verbliebenen Söhne arbeiten ebenfalls dort. Im Februar 2024 spricht er auf der „Restart IL Economy" in Berlin. Die Konferenz soll den Neustart der israelischen Wirtschaft nach dem Angriff der Hamas und dem daraus resultierenden Krieg unterstützen. Das Format wird auch in London und New York ausgerichtet. Hier stellt er seine Initiative „Next October" vor und wirbt um Investoren. „Ophir leitet das Projekt, aber die ganze Familie ist involviert", ergänzt der Vater stolz.[35]

„Es gibt eine jüdische Tradition, Bäume im Namen von Menschen zu pflanzen, die verstorben sind oder getötet wurden", bekomme ich erläutert. „Wir haben dieses Konzept umgewandelt: Anstatt einen Baum zu pflanzen, werden wir im Namen der Toten jeweils ein Unternehmen gründen", erklärt mir der ehemalige Technologieminister. „Jedes neue Unternehmen wird die Erinnerung an ein Opfer bewahren und deren individuelle Charaktere, die Interessen und die Stärken hochhalten, was auch immer die hinterbliebenen Familien über die jeweiligen Opfer sagen oder gedenken möchten."

„Die Zahl der Toten steigt weiter an, aber wir bestehen darauf, dass für jedes Opfer, ob Soldat oder Zivilist, ein Unternehmen gegründet wird", erläutert mir Izhar bei unserem Treffen in Tel Aviv. Ein Jahr nach dem Hamas-Angriff lese ich, dass die Initiative bereits über 350 junge Technologieunternehmen in Israel unterstützt. Aus dem ursprünglichen Ziel von 1200 Förderungen waren zum Zeitpunkt unseres Gesprächs längst 1500 geworden. Ein Jahr nach dem Blutbad sind es schon 1800 – eines für jeden ermordeten Zivilisten sowie jede Soldatin und jeden Soldaten, die im folgenden Krieg bei der Verteidigung ihres Landes gefallen sind. Der israelische Staatspräsident Jitzchak Herzog unterstützt die Initiative öffentlich.

Wir sprechen über die Herausforderungen für den Tech-Sektor sowie die Resilienz der israelischen Startup-Szene, die bereits Ariela Karmel und Avi Hasson ausführlich beschrieben. Izhar sieht die Startups in der Lage und in der Verantwortung, Israel neue Stärke zu geben. Genau dafür hat er die Initiative „Next October" ins Leben gerufen und gibt den geförderten Unternehmen auch eine moralische Verantwortung und Mission mit auf den Weg: „Es ist unsere nationale Antwort auf das, was sie uns antun wollten. Sie sind gekommen, um zu zerstören, zu foltern, zu verbrennen, zu töten, um alles zu beseitigen, wofür wir stehen. Wir sind hier, um neue Produkte, Dienstleistungen und Erfahrungen zu schaffen. Wir bauen eine bessere Welt auf. Das ist die gemeinsame Reaktion unserer Gesellschaft. Das ist die angemessene Antwort auf diese Gräueltaten, auf diesen fundamentalistischen Ansatz, uns zu vernichten."

Die Vision von Izhar Shay ist es, dass zumindest einige dieser neuen Unternehmen in ein paar Jahren an der

US-Technologiebörse NASDAQ gehandelt werden. Jeder Börsengang wird dort groß gefeiert. Er hat es selbst mehrfach erlebt, schildert er mir mit strahlenden Augen. Auf großen Bildschirmen am NASDAQ-Gebäude auf dem Times Square sollen dann die Gesichter der israelischen Unternehmer leuchten, wie es üblich ist. „Die Menschen, die am Times Square vorbeigehen, werden dann das große Bild des jeweiligen CEOs sehen, aber sie sehen dann auch das Bild des kleinen Babys, das von diesen Wilden ermordet wurde. Sie werden das Bild des heldenhaften Soldaten sehen, der so viele Menschen gerettet hat. Oder sie sehen das Bild eines älteren Menschen, der am 7. Oktober sein Leben verloren, aber ein Vermächtnis hinterlassen hat. Das wären die Bilder der Sieger. Jeder wird sie sehen. Und wir werden wissen, dass wir niemanden von ihnen vergessen haben. Sie werden für immer in Erinnerung bleiben."

Seid nicht gleichgültig

Achtzig Jahre nach dem Ende der Shoah – dem systematischen Mord an Millionen jüdischer Menschen in Europa – und über 75 Jahre nach der auch daraus resultierenden Gründung des Staates Israel, ist der Hass auf jüdisches Leben mit grausamer Gewalt zurückgekehrt. Der 7. Oktober 2023 markiert damit einen Wendepunkt und geht als Schwarzer Schabbat in die Geschichte des Landes ein.

Bei all meinen Besuchen habe ich die Menschen in Israel als lebensfroh und offenherzig erlebt. Umso schwerer wiegen die Eindrücke aus den Gesprächen für dieses Buch. Der unvorstellbare Horror, der im Morgengrauen des 7. Oktobers über Israel hereinbrach, und die Folgen des daraus resultierenden Krieges gegen den Terror bewegen mich bis heute tief. Je mehr Menschen ich traf, je häufiger ich im Land war, desto größer wurde die Last dieser Erlebnisse. Warum muss eine Gesellschaft so viel Leid ertragen? Die Menschen in Israel verdienen es, dass wir ihnen besser zuhören und sie dabei unterstützen, ihr Leben in Freiheit und Sicherheit leben zu können.

Noch immer, über 500 Tage nach dem Angriff, sind Geiseln in der Gewalt der Hamas, werden unter unmenschlichen und lebensfeindlichen Bedingungen gefangen gehalten. Familien müssen in einem Zustand permanenter Ungewissheit leben, während das Land mit den tiefen Wunden dieses Krieges ringt. Der Ausnahmezustand ist zur neuen Normalität geworden – eine Realität, die nur wenige außerhalb des Landes wirklich nachempfinden können. Und doch zeigen die Israelis eine unbändige Kraft: einen Lebens- und Überlebenswillen, der sich gegen die Dunkelheit stemmt.

Fast alle meiner Gesprächspartner betonten die Bedeutung des Friedens und ihre Bereitschaft, diesen mit den Palästinensern zu suchen. Niemand sprach dabei von den vielen ergebnislosen Versuchen: 1948, 1967, 1973, 1994, 2008, 2019 – Initiativen, die nicht an Israel scheiterten.[36] Der Wunsch nach Frieden ist tief verwurzelt, doch die Geschichte zeigt, wie oft er enttäuscht wurde.

Und dennoch gibt es Hoffnung: Die Normalisierung der Beziehungen zwischen Israel und mehreren arabischen sowie muslimischen Staaten durch die Abraham-Abkommen im Jahr 2020 könnte den Nahen Osten dauerhaft verändern – auch im Verhältnis zwischen Israel und den Palästinensern. Saudi-Arabien spielt dabei eine Schlüsselrolle.

Die europäische Politik sollte diese Entwicklungen nicht nur beobachten, sondern aktiv begleiten. Eine Stabilität im Nahen Osten liegt auch in unserem eigenen Interesse. Wo diplomatische Bemühungen nachlassen, entsteht ansonsten ein politisches Vakuum – und dieses wird in der Region immer von extremen Kräften gefüllt.[37]

Während die Welt auf Gaza schaut, bleibt ein weiteres Kapitel dieses Krieges oft unbeachtet: der Norden Israels. Am 8. Oktober erklärte die Hisbollah Israel mit einem massiven Raketenangriff den Krieg. Ein Jahr später sind immer noch rund 100 000 Menschen aus dieser Region evakuiert. Familien wurden auseinandergerissen, soziale Strukturen zerstört, Existenzen vernichtet. Auch wenn derzeit ein brüchiger Waffenstillstand besteht, sollten wir der Lage im Libanon und den Auswirkungen auf Israel größere Aufmerksamkeit geben.

„Seid nicht gleichgültig!" – Mit diesem eindringlichen Appell bleibt Marian Turski, der langjährige Präsident des Internationalen Auschwitz-Komitees, in Erinnerung. Wenige Wochen vor seinem Tod, am 80. Jahrestag der Befreiung von Auschwitz, richtete der 98-jährige Shoah-Überlebende seine letzte Bitte an die Welt: Alle Nationen sollten zusammenarbeiten, um ihren Kindern eine Zukunft in Frieden und Sicherheit zu ermöglichen.

Mögen diesem Aufruf möglichst viele Menschen folgen – und Israel sowie die Region dabei mit einschließen.

Danksagungen

Dieses Buch wäre nicht möglich gewesen ohne eine Vielzahl von kritischen Geistern und helfenden Händen. Ein besonderer Dank geht an meine Gesprächspartnerinnen und Gesprächspartner sowie an Daniel Shadmy, der mir seit dem 7. Oktober und bis Ende 2024 als Pressesprecher des European Leadership Network (ELNET) in Israel bei der Recherche und Ansprache behilflich war sowie einige Interviews persönlich begleitet hat.

Darüber hinaus geht ein großer Dank an meine Kolleginnen und Kollegen im Berliner Büro von ELNET für das unermüdliche Redigieren und Korrigieren: John-Wilhelm Boer, Janika Bratvogel, Francesca Fassbender, Lea Ledwon, Linda Liedel, Stefan Raguse, Julius Reim, Elisabeth Spiegel und Dr. Marius Strubenhoff (in alphabetischer Reihenfolge).

Ein abschließender Dank geht einmal mehr an meine Verlegerin Dr. Nora Pester, Simon Raulf für die gründliche Durchsicht des Manuskripts sowie das weitere Team beim Hentrich & Hentrich Verlag für das Vertrauen und die Unterstützung bei der Umsetzung dieses Buchs.

Quellen

1 Schneider, Richard C.: Alltag im Ausnahmezustand – Mein Blick auf Israel, 1. Auflage, 2018 (München).

2 Minsberg, Nathan J.: „Inescapable trauma: Israel's mental health crisis after Oct. 7", in: Isael Hayom, erschienen am 1. Oktober 2024, https://www.israelhayom.com/2024/10/01/inescapable-trauma-israels-mental-health-crisis-after-oct-7/.

3 Ledwon, Lea: „Seelische Gesundheit in Kriegszeiten". Policy Briefing „Digital Mental Health", German Israeli Health Forum for Artificial Intelligence (GIHF-AI), erschienen am 12. Dezember 2023, https://gihf-ai.eu/policy-briefing-2/policy-briefing-des-gihf-ai-zum-seelische-gesundheit-und-digital-mental-health/.

4 Path to Peace: „About us", abgerufen am 27. September 2024, https://www.pathtopeacewall.com/aboutus.

5 Horovitz, David: „The sole avenue of coexistence that became a Hamas killing field", in: Times of Israel, erschienen am 23. November 2023, https://www.timesofisrael.com/the-sole-avenue-of-coexistence-that-became-a-hamas-killing-field/.

6 Berliner Zeitung: „Platz für Fahrzeuge: Israels Armee legt größtes Hamas-Tunnelnetz im Gazastreifen frei", erschienen am 17. Dezember 2023, https://www.berliner-zeitung.de/news/gaza-krieg-platze-fuer-fahrzeuge-israels-armee-legt-groesstes-hamas-tunnelnetz-im-gazastreifen-frei-video-li.2169391.

7 American Friends of Sheba Medical Center: „Why Ellay is a Superwoman", erschienen am 14. Juni 2024, https://www.afsmc.org/2024/06/why-ellay-is-a-superwoman/.

8 Ovens, Carsten: „Frage 1: Warum gibt es den modernen Staat Israel?", in: Die Fragemauer – 100 Antworten zu jüdischem Leben und Israel, 1. Auflage, 2024 (Leipzig).

9 Wright, Lawrence: „Thirteen Days in September", 2014 (New York)

10 Katz, Israel: „A brasileira Rafaela Triestman estava no festival de música Nova quando terroristas do Hamas atacaram Israel, em 7 de outubro", auf X, erschienen am 21. Februar 2024, https://x.com/Israel_katz/status/1760332592136483172.

11 Jüdische Allgemeine: „Das Tor zur Hölle", erschienen am 1. November 2023, https://www.juedische-allgemeine.de/kultur/das-tor-zur-hoelle-2/.

12 Gunter, Joel: „Zaka: The volunteers giving dignity to Israel's dead", in: BBC News, erschienen am 14. Oktober 2023, https://www.bbc.com/news/world-middle-east-67100014.

13 Hoffmann, Matthias: „Ben (†31) fuhr immer wieder in die Terror-Hölle zurück“, in: BILD, erschienen am 24. Oktober 2023, https://www.bild.de/news/ausland/news-ausland/israel-ben-rettete-zwoelf-menschen-vor-hamas-dann-ermordeten-die-terroristen-ihn-85849778.bild.html.

14 Van Koningsveld, Akiva: „Freed hostage Romi Gonen: ‚There is life after death‘“, in: JNS, erschienen am 22. Januar 2025, https://www.jns.org/freed-hostage-romi-gonen-there-is-life-after-death/.

15 Richter, Katrin: „ELNET Awards verliehen“, in: Jüdische Allgemeine, erschienen am 25. September 2024, https://www.juedische-allgemeine.de/politik/elnet-awards-verliehen/.

16 Diekmann, Kai: „Vor allem aber ist es Dr. Melody Sucharewicz“, auf: LinkedIn, abgerufen am 20. Oktober 2024, https://www.linkedin.com/posts/kaidiekmann_vor-allem-aber-ist-es-dr-melody-sucharewicz-activity-7244632711028477954-IMxL/.

17 Sugar, Rebecca: „Hamas' Agricultural Terrorism“, in: Wallstreet Journal, erschienen am 26. Februar 2024, https://www.wsj.com/articles/hamas-agricultural-terrorism-oct-7-israel-food-supply-trying-to-break-the-community-e4d91a71.

18 ReGrow Israel – The Farmers' Fund: „Support rebuilding Israel's Western Negev's farming communities“, abgerufen am 30. August 2024, https://www.regrowisrael.org.

19 Barak, Moti und Nicole Hazan: „Returning to Kibbutz Be'eri, Devastation and healing on the farms desecrated on 10/7“, in: Sapir, erschienen am 17. Juni 2024, https://sapirjournal.org/resilience/2024/06/returning-to-kibbutz-beeri/.

20 GIHF-AI: „German healthcare sector stands in solidarity with Israel“, German Israeli Health Forum for Artificial Intelligence (GIHF-AI), erschienen am 10. November 2023, https://gihf-ai.eu/en/blog-2/german-healthcare-sector-stands-in-solidarity-with-israel/.

21 IDF: „Golani: Serving with Pride Since 1948“, abgerufen am 20. Dezember 2024, https://www.idf.il/en/mini-sites/our-corps-units-brigades/infantry-brigades/golani-serving-with-pride-since-1948/.

22 Haviv-Horiner, Anita: „Solidarität heißt Handeln“, 2024 (Berlin).

23 Yücel, Dennis: „Universitäten in Zeiten des Krieges – Eine vertrauensvolle Partnerschaft“, in: Tagesspiegel, erschienen am 19. April 2024, https://www.tagesspiegel.de/themenspeziale/bildungundforschung/universitaten-in-zeiten-des-krieges-eine-vertrauensvolle-partnerschaft-11533163.html.

24 Jerusalem Post: „Despite war, Hebrew University's international students choose to stay“, veröffentlicht am 4. Januar 2024, https://www.jpost.com/in-jerusalem/article-780853.

25 European Leadership Network (ELNET): „Actions Matter: Action Plan 2024", abgerufen am 10. Januar 2025, https://elnet-deutschland.de/themen/antisemitismus/actions-matter-action-plan-2024/.

26 Senor, Dan und Saul Singer: „Start-up Nation – The Story of Israel's Economic Miracle", 2011 (New York).

27 Startup Nation Central: „About us", abgerufen am 11. September 2024, https://startupnationcentral.org/about-us/.

28 Heimann, Ariel: „The Reserve Forces in the Gaza War: Challenges for the Continuation of the Fighting", in: INSS – The Institute für National Security Studies, erschienen am 7. Januar 2024, https://www.inss.org.il/publication/reserve-october-7/.

29 Wrobel, Sharon: „Moody's lowers Israel's credit rating for 2nd time this year, amid Hezbollah escalation", in: Times of Israel, erschienen am 28. September 2024, https://www.timesofisrael.com/moodys-slashes-israels-credit-rating-amid-hezbollah-escalation-war-costs-to-economy.

30 Gefen, Aaron und Einat Ben Ari: „One Year of Israeli Innovation in War", in: Startup Nation Central, erschienen am 12. September 2024, https://finder.startupnationcentral.org/reports/one-year-israeli-innovation-in-war.

31 Karmel, Ariela: „Governments come and go – Israeli tech is here to stay", in: CTECH, erschienen am 7. Oktober 2024, https://www.calcalistech.com/ctechnews/article/hydxjmb11g.

32 Guerin, Orla: „Eyal Waldman: Israeli tech billionaire hopes for peace despite daughter's killing", in: BBC News, erschienen am 12. Dezember 2023, https://www.bbc.com/news/world-middle-east-67679634.

33 ELNET: „Europe-Middle East Foum erstmals in Berlin", in: European Leadership Network (ELNET), erschienen am 20. Juni 2024, https://elnet-deutschland.de/themen/politik/europe-middle-east-forum-erstmals-in-berlin/.

34 FDD: „Poll: Hamas Remains Popular Among Palestinians", erschienen am 22. März 2024, https://www.fdd.org/analysis/2024/03/22/poll-hamas-remains-popular-among-palestinians/.

35 Next October: „Our Story", abgerufen am 20. Oktober 2024, https://www.nextoctober.org/our-story.

36 Tishby, Noa: „Israel. Der Faktencheck über das am meisten missverstandene Land der Welt", übers. Thomas Görden, 2022 (Gütersloh).

37 Ross, Dennis und David Makovsky: „Be strong and of good courage", 2019 (New York).

ELNET
European Leadership Network

Gefördert durch das European Leadership Network (ELNET)

Die Deutsche Nationalbibliothek verzeichnet diese Publikation
in der Deutschen Nationalbibliografie; detaillierte Daten sind im Internet über
https://portal.dnb.de/ abrufbar.

Inh. Dr. Nora Pester
Capa-Haus
Jahnallee 61
04177 Leipzig
info@hentrichhentrich.de
www.hentrichhentrich.de

Abbildungen: © Carsten Ovens, S. 75 Ben Rosenbaum, S. 80 Anika Nowak
Lektorat: Simon Raulf
Gestaltung: Gudrun Hommers
Druck: Winterwork, Borsdorf

1. Auflage 2025

Printed in Germany
ISBN 978-3-95565-668-3